# 國中會考英語系列叢書

1.

## 國中會考必備1200字
劉 毅 主編 / 書 120元

七、八年級同學可以先背「國中會考必備1200字」。
按照字母順序排列，每一個單字皆有例句，讓同學
對於單字的用法更清楚了解。

2.

## 國中常用2000字
劉 毅 主編 / 書+MP3 22

九年級同學可以進一步使用〔　　　〕，
準備更完善。按照字母順序排列，每一個單字皆有
例句，讓同學對於單字的用法更清楚了解。

3.

## 國中分類記憶2000字
劉 毅 主編 / 書+MP3 220元

這2000字，是教育部九年一貫課程綱要英文科小組
參考多項資料後整理而得，也是國中英語教材編輯
最重要的參考資料，所以國中同學一定要熟記這
2000字。

4.

## 國中2000分類記憶輕鬆背
劉 毅 主編 / 書 250元

將國中2000字分類，用「比較法」，利用已會的單
字背較難的單字，化繁為簡，可以快速將單字背
好，在最短的時間內，學最多的單字。學會這種方
法，碰到任何難的單字，都可以立刻背下來。

5.

## 升高中常考成語
謝沛叡 主編 / 書 100元

包含歷屆國中基本學力測驗、國中教育會考、高中
職聯合入學測驗，各大規模考試英文試題中最常出
現的關鍵成語。每個成語均有例句，均附有「溫馨
提示」，幫助學習。

6.

## 文法入門
劉 毅 修編 / 書 220元

學文法的第一本書，簡單易懂，一學就會。本書不僅適合國中生，也適合高中生；適合小孩，也適合成人；適合自修，也適合當教本。

7.

## 基礎英文法測驗
陳瑠琍 編著 / 書 100元

學英文靠自己，一天只花20~30分鐘，輕鬆自學文法。每課附學習成果評量，自我評估，針對弱點加強。附「重點」與「提示」，複習容易誤用及難懂之處，澄清觀念。

8.

## 國中常考英文法
劉 毅 主編 / 題本 100元 / 教師手冊 100元

歸納出50個最重要的常考文法重點，每一個重點都有10題練習題，讓同學在最短時間內把文法做完善的練習和準備，並對文法有全面性的了解。

9.

## 會考單字文法500題
李冠勳 主編 / 題本 100元 / 教師手冊 100元

準備會考，一定要多做題目，本書共有50回單字文法題，每一回10題，題型完全仿照會考，確實做完本書，認真檢討答案，會考就能考高分。

10.

## 會考單字文法考前660題
李冠勳 主編 / 題本 150元 / 教師手冊 150元

準備會考，一定要多做題目，本書共有66回單字文法題，每回10題，題型完全仿照會考。確實做完本書所有題目，認真檢討答案，必能在會考得高分。

11.

**會考克漏字500題**
李冠勳　主編 / 題本 100元 / 教師手冊 100元

針對會考克漏字題型編撰，「會考克漏字500題」
有70回，練習豐富，內容多元，為想加強克漏字的
同學量身打造。

12.

**會考閱讀測驗500題**
李冠勳　主編 / 題本 100元 / 教師手冊 100元

共有60回，內容廣泛，包含各種主題，是準備會考
閱讀測驗不可或缺的閱讀題本。可以加強閱讀的速
度和作答的準確度，更能從容面對會考閱讀測驗。

13.

**國中會考閱讀測驗①**
李冠勳　主編 / 題本 100元 / 教師手冊 100元

收錄66回閱讀測驗，30回圖表判讀+30回文字閱讀
，模擬最新會考閱讀測驗的兩種題型，輕鬆看懂圖
表和文章，洞悉會考英文，一書雙贏。

14.

**國中會考英語模擬試題①**
劉　毅　主編 / 題本 100元 / 教冊+MP3 280元

依照教育部公布之題型範例，分成兩部分：聽力、
閱讀，各有8回，每回60題，比照實際考試的方式
出題，讓同學可以快速掌握出題方向，並做充足的

15.

**國中會考英語模擬試題②**
劉　毅　主編 / 題本 100元 / 教冊+MP3 280元

依照教育部公布之題型範例，分成兩部分：聽力、
閱讀，各有8回，每回60題，比照實際考試的方式
出題，讓同學可以快速掌握出題方向，並做充足的
準備。

**16.**

### 歷屆國中會考英語試題全集
劉 毅 主編 / 書 220元

### 105年國中會考各科試題詳解
劉 毅 主編 / 書 220元

### 106年國中會考各科試題詳解
劉 毅 主編 / 書 220元

鑑往知來，掌握會考最新趨勢。

**17.**

### 國中會考英語聽力入門
李冠勳 主編 / 書+MP3 280元 / 測驗本 50元

依照教育部公布之題型範例，分成三部分：辨識句意、基本問答、言談理解，共18回，每回20題，適合七、八年級同學提前練習會考聽力。

**18.**

### 國中會考英語聽力進階
劉 毅 主編 / 書+MP3 280元 / 測驗本 100元

依照教育部公布之題型範例，分成三部分：辨識句意、基本問答、言談理解，共18回，每回20題，適合七、八年級同學提前練習會考聽力。

**19.**

### 國中會考英語聽力測驗①
劉 毅 主編 每冊書+MP3 280元 / 測驗本 50元

依照教育部公布之題型範例，分成三部分：辨識句意、基本問答、言談理解，共12回，每回30題，題目豐富，適合九年級同學，加強練習會考聽力。

**20.**

### 國中會考英語聽力測驗②
劉 毅 主編 每冊書+MP3 280元 / 測驗本 50元

依照教育部公布之題型範例，分成三部分：辨識句意、基本問答、言談理解，共12回，每回30題，題目豐富，適合九年級同學，加強練習會考聽力。

# TEST 1　詳解

## 聽力測驗（第 1-21 題，共 21 題）

### 第一部分：辨識句意（第 1-3 題，共 3 題）

1. ( **C** ) (A)　　　　　(B)　　　　　(C)

Good night, Maggie.　See you tomorrow.
瑪姬，晚安。明天見。

2. ( **C** ) (A)　　　　　(B)　　　　　(C)

A: Hello, may I speak to Jenny?
B: Sorry, you got the wrong number.
A: 哈囉，我可以和珍妮講話嗎？
B: 抱歉，你打錯電話了。

3. ( **A** ) (A)　　　　　(B)　　　　　(C)

Lisa's dream is to be a famous chef.

麗莎的夢想是成爲名廚。

\* chef〔ʃɛf〕*n.* 廚師；主廚

## 第二部分：基本問答（第 4-10 題，共 7 題）

4. ( **A** ) Does it ever snow in Southern California?

南加州曾經下過雪嗎？

(A) Sure, it snows up in the mountains.

當然，山上會下雪。

(B) Yes, it rains in the spring. 是的，春天會下雨。

(C) Yes, it always rains in the winter.

是的，冬天總是會下雨。

\* southern〔'sʌðən〕*adj.* 南方的

California〔ˌkælə'fɔrnɪə〕*n.*（美國）加州

5. ( **A** ) She never believes what I tell her.

她從來不相信我告訴她的話。

(A) I wonder why she doesn't. 我很納悶她爲什麼不相信。

(B) I believe what she says. 我相信她說的話。

(C) I told her that, too. 我也告訴過她那件事。

6. ( **B** ) Aren't you going to introduce me to your friend?

你不把我介紹給你的朋友嗎？

(A) No, you've never met her. 不，你從沒遇見過她。

(B) Yes, but wait until she's off the phone.

要，但是等她講完電話。

(C) Maybe, if you know her as well as I do.

也許吧，如果你和我一樣了解她。

\* introduce〔ˌɪntrə'djus〕*v.* 介紹

7. ( **C** ) How about a cup of tea? 喝杯茶如何？

    (A) The cup is not big enough. 這個杯子不夠大。

    (B) The tea tastes nice. 這杯茶很好喝。

    (C) No, thanks. <u>不，謝謝。</u>

    \* *how about N/V-ing* ～如何？    taste〔test〕*v.* 吃起來

8. ( **B** ) What's your problem? Are you looking to start a fight?

    你有什麼問題？你是想打架嗎？

    (A) No, it's not my problem. 不，那不是我的問題。

    (B) No, I'm just trying to get to my seat.

       <u>不，我只是想回到我的座位。</u>

    (C) No, they are probably going to fight.

       不，他們可能要打起來了。

    \* fight〔faɪt〕*n., v.* 吵架；打架    seat〔sit〕*n.* 座位

9. ( **C** ) How long will it take you to get to the station?

    你到車站要多久時間？

    (A) It's far away from here. 離這裡很遠。

    (B) To catch the first train. 爲了趕上第一班火車。

    (C) About fifteen minutes. <u>大約 15 分鐘。</u>

    \* take〔tek〕*v.* ( 事情 ) 花費 ( 時間 )

10. ( **A** ) Hey, that's my seat. 嘿，那是我的位子。

    (A) Sorry, I didn't know it was taken.

       <u>抱歉，我不知道這裡有人坐了。</u>

    (B) It certainly is beautiful. 那一定很美。

    (C) Where did you find it? 你在哪裡發現的？

    \* certainly〔'sɝtn̩lɪ〕*adv.* 當然；必定

## 第三部分：言談理解（第 11-21 題，共 11 題）

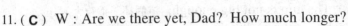

11. ( **C** ) W : Are we there yet, Dad?  How much longer?

女：我們到了嗎，爸爸？還要多久？

M : Just a few more miles, honey.  Be patient.

男：還要再幾哩，寶貝。有耐心一點。

W : Can't you drive any faster?  Cars are passing us left and right.

女：你不能再開快一點嗎？左右的車子都超過我們了。

M : Better safe than sorry.  Just relax.  We'll be there soon.

男：安全總比後悔好。放輕鬆就好了。我們很快就到了。

Question : Where are they?  他們在哪裡？

(A) On a bus.  公車上。

(B) In a plane.  飛機上。

(C) In a car.  <u>汽車裡。</u>

honey〔'hʌnɪ〕*n.* 蜂蜜；親愛的人
patient〔'peʃənt〕*adj.* 有耐心的　　pass〔pæs〕*v.* 經過；超越
***Better safe than sorry.***　【諺】安全總比後悔好。
relax〔rɪ'læks〕*v.* 放輕鬆

12. ( **B** ) W : The pipe is leaking and there's water all over the floor.

女：水管漏了，整個地板都是水。

M : Why don't you call Mr. Peters?

男：妳何不打電話給彼得斯先生？

Question : What does Mr. Peters do?

彼得斯先生是做什麼的？

(A) He is a boat builder.  他是造船者。

(B) He's a plumber.  <u>他是水管工人</u>

(C) He smokes a pipe. 他抽煙斗。

* pipe〔paɪp〕*n.* 管子；煙斗　　leak〔lik〕*v.* 漏；洩漏
  floor〔flor〕*n.* 地板　　plumber〔'plʌmɚ〕*n.* 水管工人

13. ( **A** ) M：How much for this video monitor?

男：這個電視螢幕多少錢？

W：$5,000 NT.

女：新台幣五千元。

M：Five grand?  I saw the same one at another shop in Ximen for $4,500.

男：五千？我在西門另一家店裡看到同樣的，只要四千五。

W：The best I can do is $4,700NT.  Take it or leave it. The 235 bus stops at the corner.  It's a 20 minute ride to Ximen.  We close at nine p.m.

女：我能給的最好價錢是台幣四千七。要就買，不要就算了。 235 公車在轉角停靠，到西門車程 20 分鐘。我們晚上九點 鐘打烊。

M：Well, I'm here, and I have to ask myself if it's worth saving the $200NT.  Hmm, I don't know.

男：哦，我人在這裡，我得自己想想值不值得省這 200 元。嗯， 我不知道。

W：I'll throw in a power cable, free of charge.  How does that sound?

我再額外送一條充電線，免費。這樣聽起來如何？

M：Now you're speaking my language, darling.  Deal.

男：妳說的話我同意，小姐，成交。

Question：What does the man mean?

這位男士是什麼意思？

(A) He has agreed to a deal. 他同意這次交易。

(B) He will wait for the woman's call.

他會等候這位小姐的電話。

(C) He doesn't speak English. 他不會說英文。

\* video〔'vɪdɪ,o〕*adj.* 影像的；電視的

monitor〔'mɑnətɚ〕*n.* 監視器；螢幕

grand〔grænd〕*n.* 千元　　corner〔'kɔrnɚ〕*n.* 角落；轉角

ride〔raɪd〕*n.* 車程　　***throw in*** 額外贈送

power〔'pauɚ〕*n.* 電力　　cable〔'kebl〕*n.* 電纜線

***free of charge*** 免費

***speaking sb.'s language*** 說某人同意或了解的話

deal〔dil〕*n.* 交易；成交　　agree〔ə'gri〕*v.* 同意

14. ( **C** ) M：Is anyone on the fourth floor?

男：四樓還有人嗎？

W：Not that I'm aware of.　I think they've all gone home for the night.　Why?

女：就我知道沒有。我想晚上他們都回家了。你為什麼這麼問？

M：Um…　I need to use the restroom.

男：嗯，我得用一下洗手間。

W：What's wrong with the one here?　Oh… you need privacy?

女：這裡這一間有什麼不對嗎？噢，你需要隱私？

M：Yeah.　My stomach has been bothering me all day.

男：是的。我的胃已經困擾我一整天了。

Question：What does the man want? 這位男士要做什麼？

(A) To use the copier on the third floor.

使用三樓的影印機。

(B) To see a doctor on the fifth floor. 到五樓看醫生。

(C) To use the restroom on the fourth floor.

使用四樓的洗手間。

\* aware〔ə'wɛr〕*adj.* 有意識的；知道的 ***be aware of*** 知道
restroom〔'rɛst,rum〕*n.* 洗手間（= *rest room*）
privacy〔'praɪvəsɪ〕*n.* 隱私 stomach〔'stʌmək〕*n.* 胃
bother〔'baðɚ〕*v.* 打擾；困擾 copier〔'kapɪɚ〕*n.* 影印機

15. ( **C** ) M：Where did you park your car?

男：妳把妳的車停在哪裡？

W：In front of the building.

女：大樓前面。

M：Oh. You had better move it before the police come along.

男：噢，妳最好在警察來之前把它移走。

Question：Why should the woman move her car?

這位女士為何應該移走她的車？

(A) It is a police car. 那是警車。

(B) The police told her to move it. 警察叫她移車。

(C) Parking is not allowed in front of the building.

大樓前面不許停車。

\* park〔park〕*v.* 停（車） ***in front of*** 在～前面
***had better*** + ***V*** 最好 ***come along*** 來（= *come*）
allow〔ə'laʊ〕*v.* 允許

16. ( **B** ) M：Did you see Greg's report card? How did he do?

男：妳看到葛雷格的成績單了嗎？他成績怎麼樣？

W：Brace yourself. Maybe you should sit down first.

女：你要振作一點。也許你應該先坐下。

M：That bad, huh? Gosh, I didn't think he could do any worse than last semester.

男：那麼糟嗎？天啊，我以為他不可能比上學期更差了。

W：He didn't. That's the shocker. Take a look at this.

女：他沒有。這就是令人震驚的地方。你看這個。

Question：What is probably true about Greg's grades?

　　　　　　有關葛雷格的成績何者可能為真？

(A) They got worse. 變得更差。

(B) They improved. 改善了。

(C) They remained unchanged. 維持不變。

\* report〔rɪ'port〕*n.* 報告　　***report card*** 成績單
　brace〔bres〕*v.* 支撐；加強；使振作　　***brace oneself*** 振作
　gosh〔gɑʃ〕*interj.* 天啊　　semester〔sə'mɛstɚ〕*n.* 學期
　shocker〔'ʃɑkɚ〕*n.* 令人震驚的人或事
　grade〔gred〕*n.* 成績　　worse〔wɝs〕*adj.* 更糟的
　improve〔ɪm'pruv〕*v.* 改善
　remain〔rɪ'men〕*v.* 維持；保持；仍然
　unchanged〔ʌn'tʃendʒd〕*adj.* 不變的

17. ( **C** ) M：Which one do you like, blue, black or pink?

　　　　男：你喜歡哪一個，藍色、黑色，或是粉紅色？

　　　　W：I think I will pick the black one. Jenny likes the
　　　　　　color. She'll love the present.

　　　　女：我想我會選黑色。珍妮喜歡那個顏色，她會喜歡那個禮
　　　　　　物的。

　　　　M：You can say that again.

　　　　男：你說的對。

　　　　Question：Which color does Jenny like?

　　　　　　　　　珍妮喜歡哪一個顏色？

　　　　(A) Blue. 藍色。

　　　　(B) Pink. 粉紅色。

　　　　(C) Black. 黑色。

　　　\* pick〔pɪk〕*v.* 挑選　　present〔'prɛznt〕*n.* 禮物
　　　　***You can say that again.*** 字面意思是「你可以再說一次」，
　　　　即指「你說的對。」

18. ( **B** ) W : Does Susan know that you have a crush on her?

女：蘇珊知道你暗戀她嗎？

M : I don't think so. But she has caught me staring at her a few times. She might have an idea.

男：我不這麼認為。但是她好幾次抓到我盯著她看。她也許有點感覺。

W : Why don't you let her know how you feel? Maybe she likes you, too.

女：你為什麼不讓她知道你的感覺呢？也許她也喜歡你。

M : No, I've found it better just to have the crush and leave it alone.

男：不，我覺得我就繼續暗戀，其他就別管了比較好。

Question : How does the man feel about Susan?

這位男士對蘇珊是什麼感覺？

(A) He's over her. 他勝過她。

(B) He likes her. 他喜歡她。

(C) He can't stand her. 他無法忍受她。

\* crush〔krʌʃ〕*n.* 壓扁；迷戀　*have a crush on sb.* 暗戀某人
*catch sb. + V-ing* 抓到某人正在～
stare〔stɛr〕*v.* 凝視；盯著　*leave～alone* 放任～不管
stand〔stænd〕*v.* 忍受

19. ( **C** ) M : A package came for you today.

男：今天送來了一份妳的包裹。

W : Great. It's probably the books I ordered.

女：太好了。大概是我訂購的書。

M : I don't think so. It wasn't very big.

男：我不這麼認為。包裹沒有很大。

Question : Why does the woman think that her books
have arrived? 為什麼這位女士認為她的書到了？

(A) The package is very big. 包裹很大包。

(B) Because they came very quickly. 因為它們很快就來了。

(C) Because she was expecting them. <u>因為她正在等它們。</u>

\* package (ˈpækɪdʒ) *n.* 包裹　　order (ˈɔrdɚ) *v.* 訂購
expect (ɪkˈspɛkt) *v.* 期待；等待

20. ( **C** ) W : E equals M-C squared.  An object will remain at rest
until an outside force is acted upon it…

女：E 等於 MC 平方。物體在沒有外力作用時，會一直保持靜
止。

M : Lucy, what are you doing?

男：露西，妳在做什麼？

W : Just memorizing stuff for the exam tomorrow.  By the
way, do you know the chemical formula for water?

女：就是在背明天考試的東西。對了，你知道水的化學式嗎？

M : Yes, it's two parts hydrogen to one part oxygen.

男：知道，兩個氫對一個氧。

Question : What subject is the woman preparing for?
這位女士正在準備什麼科目？

(A) Math. 數學。

(B) History. 歷史。

(C) Science. <u>科學。</u>

\* equal (ˈikwəl) *v.* 等於　　square (skwɛr) *v.* 使成平方
object (ˈabdʒɪkt) *n.* 物體　　remain (rɪˈmen) *v.* 保持
***at rest*** 靜止的　　outside (ˈautˈsaɪd) *adj.* 外面的
force (fors) *n.* 力量　　act (ækt) *v.* 作用
memorize (ˈmɛməˌraɪz) *v.* 背誦　　stuff (stʌf) *n.* 東西
***by the way*** 順便一提　　chemical (ˈkɛmɪkḷ) *adj.* 化學的
formula (ˈfɔrmjələ) *n.* 化學式
hydrogen (ˈhaɪdrədʒən) *n.* 氫　　oxygen (ˈaksədʒən) *n.* 氧
subject (ˈsʌbdʒɪkt) *n.* 科目　　prepare (prɪˈpɛr) *v.* 準備

21. ( **C** ) W : Where are the vegetables?

男： 蔬菜在哪裡？

M : They're behind the juice on aisle 3.

女： 在第三道，果汁的後面。

Question : Where does the conversation take place?

這段對話發生在哪裡？

(A) In a flower shop. 花店裡。

(B) In a restaurant. 餐廳裡。

(C) In a supermarket. 超市裡。

* behind ﹝ bɪˋhaɪnd ﹞ *prep.* 在～後面　　aisle ﹝ aɪl ﹞ *n.* 走道


# 閱讀測驗 ( 第 1-41 題，共 41 題 )

## 第一部分：單題 ( 第 1-15 題，共 15 題 )

1. ( **A** ) 請看圖片。何者正確？

(A) 在廚房中間有一個圓桌。

(B) 在門前面有一個方桌。

(C) 房間裡沒有桌子。

(D) 鋼琴後面有一個圓桌。

* middle ﹝ˋmɪdḷ﹞ *n.* 中間　　square ﹝ skwɛr ﹞ *adj.* 方形的
piano ﹝ pɪˋæno ﹞ *n.* 鋼琴

2. ( **C** ) 父母在小孩的生活中扮演著很重要的<u>角色</u>。那就是爲什麼他們
總是把孩子放在第一位。

(A) job ﹝ dʒɑb ﹞ *n.* 工作　　(B) set ﹝ sɛt ﹞ *n.* 一組；一套
(C) *role* ﹝ rol ﹞ *n.* 角色　　(D) chance ﹝ tʃæns ﹞ *n.* 機會
* kid ﹝ kɪd ﹞ *n.* 小孩

3. ( **C** ) 喬治很擅長寫作。他夢想在未來能夠成為諾貝爾文學獎的<u>得主</u>。

    (A) carrier〔ˈkærɪɚ〕*n.* 運送者；運輸業者店

    (B) dancer〔ˈdænsɚ〕*n.* 舞者

    (C) ***winner***〔ˈwɪnɚ〕*n.* 勝利者；得獎者

    (D) cook〔kʊk〕*n.* 廚師

    \* ***be good at*** 擅長    Nobel〔noˈbɛl〕*n.* 諾貝爾【瑞典化學家】
    prize〔praɪz〕*n.* 獎    ***the Nobel Prize*** 諾貝爾獎
    literature〔ˈlɪtərətʃɚ〕*n.* 文學    future〔ˈfjutʃɚ〕*n.* 未來
    ***in the future*** 在未來

4. ( **B** ) 每種顏色都有特殊的意義。<u>然而</u>，有時候這些意義每個文化都
不同。對美國人而言，紅色代表愛情。而對中國人來說，紅色
可能表示好運。

    (A) 雖然    (B) <u>然而</u>    (C) 不只    (D) 無論何事

    \* special〔ˈspɛʃəl〕*adj.* 特殊的    culture〔ˈkʌltʃɚ〕*n.* 文化

5. ( **A** ) 傑克今天早上去爬山。他又累又餓，但背包裡<u>沒有東西</u>可吃。
他非常沮喪。

    根據前後句意，應是「沒有東西」吃，故選 (A) ***nothing***。

    \* backpack〔ˈbæk͵pæk〕*n.* 背包    upset〔ʌpˈsɛt〕*adj.* 沮喪的

6. ( **D** ) 在很多方面，網際網路就像一個巨大的資訊中心。它在日常生活
中變得<u>越來越重要</u>。

    (A) 越來越有智慧

    (B) later〔ˈletɚ〕*adv.* 後來；稍後

    (C) 越來越乾淨    (D) <u>越來越重要</u>

    \*「比較級＋and＋比較級」表示「越來越～」之意。
    wise〔waɪz〕*adj.* 有智慧的    huge〔hjudʒ〕*adj.* 很大的
    information〔͵ɪnfɚˈmeʃən〕*n.* 消息；資訊
    center〔ˈsɛntɚ〕*n.* 中心    daily〔ˈdelɪ〕*adj.* 日常的

7. ( **B** ) 當她在歐洲讀書時，她覺得很寂寞。但現在，她已經交了很多
朋友。

    (A) scary〔'skɛrɪ〕*adj.* 可怕的；令人害怕的

    (B) *lonely*〔'lonlɪ〕*adj.* 寂寞的；孤獨的

    (C) quickly〔'kwɪklɪ〕*adv.* 很快地

    (D) handsome〔'hænsəm〕*adj.* 英俊的

    \* *make friends* 結交朋友

8. ( **D** ) 我喜歡粉紅色，這個顏色在我心情不好時，會讓我感覺好一點。

    (A) choice〔tʃɔɪs〕*n.* 選擇

    (B) marry〔'mærɪ〕*v.* 結婚

    (C) model〔'mɑdl̩〕*n.* 模型；模範

    (D) *mood*〔mud〕*n.* 心情

9. ( **D** ) 丹尼：我正在做調查。你可以告訴我你最喜歡的嗜好是什麼嗎？

    肯尼：我有時間的時候，喜歡著色圖畫。

    (A) 你最喜歡的假日是什麼

    (B) 你做得如何

    (C) 你最喜歡的顏色是什麼

    (D) 你最喜歡的嗜好是什麼

    \* survey〔'sɜve〕*n.* 調查    color〔'kʌlə〕*v.* 著色

    favorite〔'fevərɪt〕*adj.* 最喜歡的

    holiday〔'hɑlə,de〕*n.* 假日    hobby〔'hɑbɪ〕*n.* 嗜好

10. ( **C** ) 她很美麗，但是她的媽媽比她美麗得多了。

    加強比較級，用 *a lot*，選 (C)。

11. ( **C** ) 主人：請自便。不要拘束。

    客人：謝謝你邀請我。

    (A) Be a good boy. 要做好孩子；要乖一點。

(B) Be quiet. 安靜。

(C) *Be my guest*. 當我的客人；請自便。

(D) Be careful. 小心一點。

> \* host〔host〕*n.* 主人
> *Make yourself at home*. 把這裡當自己家；請不要拘束。
> guest〔gɛst〕*n.* 客人　　invite〔ɪnˈvaɪt〕*v.* 邀請

12. ( **D** ) 林小姐看到一隻流浪狗在她家前面<u>狂吠</u>，心裡很害怕。

> 感官動詞 saw 後接受詞，後面再接動名詞做受詞補語，
> 選 (D) *barking*。
>
> \* scared〔skɛrd〕*adj.* 害怕的　　stray〔stre〕*adj.* 走失的
> *stray dog* 流浪狗　　bark〔bɑrk〕*v.*（狗）吠叫

13. ( **C** ) 彼得讀書<u>夠用功</u>，可以通過考試。

> 「用功」讀書，副詞用 hard，而不是 hardly，enough 要
> 放在副詞之後，故本題選 (C) *hard enough*。
>
> \* hard〔hɑrd〕*adv.* 努力地　　hardly〔ˈhɑrdlɪ〕*adv.* 幾乎不

14. ( **B** ) 植物和種子是送給吳先生最適合的禮物，因為他喜歡<u>園藝</u>。

> enjoy 之後要接動名詞作受詞，故選 (B) *gardening*。
>
> \* plant〔plænt〕*n.* 植物　　seed〔sid〕*n.* 種子
> perfect〔ˈpɝfɪkt〕*adj.* 完美的；最適合的
> garden〔ˈgɑrdṇ〕*n.* 花園　　*v.* 從事園藝

15. ( **A** ) 如果你想要結束一段電話談話，你可以說：「很高興和你談話。」

> 表示動作從過去某時進行到現在結束，要用「現在完成式」，
> 選 (A) *has been*。
>
> \* end〔ɛnd〕*v.* 結束
> conversation〔ˌkɑnvɚˈseʃən〕*n.* 對話；談話

## 第二部分：題組（第 16-41 題，共 26 題）

（16）

吃東西在台灣可以是很方便、很愉快的經驗。幾乎不可能肚子餓。到處都有很多選擇。吃東西最容易的方法，可能是到小吃攤或便利商店。那裡提供快速、便宜的餐點，給沒有足夠時間的人。喜歡舒適溫暖地方的人，可以到中式餐廳。中式餐廳是許多外國人最喜歡的餐廳前五名之一。除了本地的食物之外，美式速食和義大利食物也非常受到台灣人的歡迎。然而，在家烹煮不同的食物是一個新的趨勢。人們比較喜歡吃健康、有機的食物，所以現在，你在台灣可以找到更多有機市場。無論你喜歡什麼，台灣就是一個美食王國。你試一試絕對不會後悔的。

### 【註釋】

convenient〔kən'vinjənt〕*adj.* 方便的
enjoyable〔ɪn'dʒɔɪəbḷ〕*adj.* 愉快的
experience〔ɪk'spɪrɪəns〕*n.* 經驗　　almost〔'ɔl,most〕*adv.* 幾乎
choice〔tʃɔɪs〕*n.* 選擇　　stand〔stænd〕*n.* 攤子
***convenience store*** 便利商店　　offer〔'ɔfɚ〕*v.* 提供
meal〔mil〕*n.* 餐點　　top〔tɑp〕*adj.* 最高的
favorite〔'fevərɪt〕*adj.* 最喜歡的　　foreigner〔'fɔrɪnɚ〕*n.* 外國人
besides〔bɪ'saɪdz〕*prep.* 除了～之外　　local〔'lokḷ〕*adj.* 本地的
popular〔'pɑpjəlɚ〕*adj.* 受歡迎的　　trend〔trɛnd〕*n.* 趨勢
prefer〔prɪ'fɝ〕*v.* 比較喜歡
organic〔ɔr'gænɪk〕*adj.* 有機的　　***no matter what*** 無論什麼
kingdom〔'kɪŋdəm〕*n.* 王國　　yummy〔'jʌmɪ〕*adj.* 好吃的
regret〔rɪ'grɛt〕*v.* 後悔　　***give it a try*** 試試看

16. (**A**) 本篇文章的主旨爲何？

　　　(A) 在台灣的人吃東西有很多選擇。

　　　(B) 義大利食物在台灣很受歡迎。

　　　(C) 在台灣，外出吃飯是人們唯一的選擇。

　　　(D) 速食是一個新的趨勢。

　　　\* *eat out*　外出吃飯

（17～18）

　　　下面是有關人們晚餐習慣的圖表。

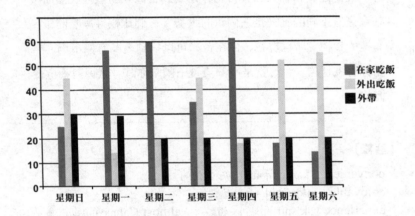

【註釋】

　　below〔bəˋlo〕*adv.* 在下方　　chart〔tʃɑrt〕*n.* 圖表

　　habit〔ˋhæbɪt〕*n.* 習慣　　*to go* 外帶

17. (**C**) 根據這個圖表，何者正確？

　　　(A) 人們週末喜歡在家吃飯勝過平日時。

　　　(B) 在週四，喜歡外帶食物的人比在家吃飯的人多。

　　　(C) 人們在週一最不喜歡外出吃飯。

　　　(D) 最多人週五在家吃晚餐。

　　　* weekend〔'wik'ɛnd〕*n.* 週末
　　　weekday〔'wik,de〕*n.* 平日【週末以外的日子】
　　　***take out*** 外帶　　least〔list〕*adv.* 最不

18. (**A**) 根據這個圖表，佛列德想要以本地的食物，來迎接他美國的朋友，
　　　　但是他也想要避開人群。哪一天最適合他們外出吃飯？

　　　(A) 週一。　　　　　　　　　　(B) 週六。
　　　(C) 週五。　　　　　　　　　　(D) 週三。

　　　* avoid〔ə'vɔɪd〕*v.* 避開　　crowd〔kraʊd〕*n.* 人群

（19～21）

　　　　　在一個美麗晴朗的日子裡，一位老人和一個大約15歲的
年輕男孩，跑到了火車站。當他們進入車廂時，發現沒有位子
了。他們站在一群高中生的旁邊。年輕男孩看到每樣東西似乎
都很驚訝。他興奮地告訴他父親：「爸爸，火車在移動，東西
都在向後退。」他的爸爸微笑著點點頭。

　　　　　當火車開始快速移動，男孩再一次大叫：「爸爸，樹的顏
色是綠色的，非常快速地往後跑耶。」「是的，親愛的，」他
的爸爸微笑地說。他就像小孩一樣，驚訝又開心地看著每樣事
物。當一個賣水果的小販經過賣蘋果時，老人買了一顆蘋果給
兒子。男孩說：「噢，這顆蘋果看起來比吃起來甜多了。我好
喜歡這個顏色。」

　　　　　那群高中生看著這個男孩的一舉一動，問男孩的爸爸：
「你的兒子是有問題嗎？他的行為舉止為什麼這麼不同？」其
中一人嘲笑他，大聲說：「我想，他兒子不太正常。」

年輕男孩的爸爸耐心地回答這群高中生:「我的兒子一出生眼睛就看不見。就在幾天前,他才動完手術,現在他看得見了。他正在看許多他一生中第一次看見的東西。」

這群年輕人安靜下來,向這對父子道歉。

## 【註釋】

sunny〔'sʌnɪ〕*adj.* 晴朗的　　aged〔edʒd〕*adj.* …歲的【置於數詞之前】
enter〔'ɛntɚ〕*v.* 進入　　seat〔sit〕*n.* 座位
next〔nɛkst〕*adj.* 隔壁的 < *to* >　　*senior high* 高中
excitedly〔ɪk'saɪtɪdlɪ〕*adv.* 興奮地
backwards〔'bækwɚdz〕*adv.* 向後地
nod〔nɑd〕*v.* 點頭　　scream〔skrim〕*v.* 尖叫
taste〔test〕*v.* 吃起來　　activity〔æk'tɪvətɪ〕*n.* 活動
behave〔bɪ'hev〕*v.* 行為;舉止　　*make fun of* 取笑;嘲笑
shout〔ʃaʊt〕*v.* 大叫　　normal〔'nɔrml̩〕*adj.* 正常的
patience〔'peʃəns〕*n.* 耐心　　reply〔rɪ'plaɪ〕*v.* 回答
operate〔'ɑpɚˌret〕*v.* 動手術　　*for the first time* 第一次
quiet〔'kwaɪət〕*adj.* 安靜的　　apologize〔ə'pɑləˌdʒaɪz〕*v.* 道歉

19.( **D** ) 這位年輕男孩發生了什麼事?

(A) 他現在什麼也看不見。

(B) 他看起來比他的實際年齡老。

(C) 他出生時耳朵聽不見。　　(D) 他出生時眼睛看不見。

＊deaf〔dɛf〕*adj.* 耳聾的

20.( **A** ) 為什麼這群學生要向這對父子道歉?

(A) 他們對他們說了不禮貌的話。

(B) 他們害男孩眼睛看不見。　　(C) 他們製造了很多噪音。

(D) 他們不應該在火車上吃蘋果。

＊rude〔rud〕*adj.* 不禮貌的

21. ( **B** ) 這篇文章的標題可能為何？

    (A) 行動勝於言辭　　　　　(B) 說話前要三思

    (C) 好人從不抱怨　　　　　(D) 壞事永不消逝

    * title〔ˈtaɪtḷ〕*n.* 標題　　complain〔kəmˈplen〕*v.* 抱怨

**(22～23)**

請看下面五月的行事曆，找出超級偶像 Swion 何時會出現。

| 星期日 | 星期一 | 星期二 | 星期三 | 星期四 | 星期五 | 星期六 |
| --- | --- | --- | --- | --- | --- | --- |
| 1 | 2 | 3 | 4<br>Swion<br>和朋友 | 5 | 6 | 7<br>Swion<br>白天和<br>晚上的<br>節目 |
| 8<br>Swion<br>的特別<br>節目 | 9 | 10 | 11 | 12 | 13 | 14 |
| 15 | 16 | 17<br>Swion<br>的粉絲<br>見面會 | 18 | 19 | 20 | 21 |
| 22 | 23 | 24 | 25 | 26<br>Swion<br>的演唱<br>會 | 27 | 28 |
| 29<br>Swion<br>的才藝<br>表演 | 30 | | | | | |

【註釋】

calendar〔'kæləndə〕*n.* 日曆；行事曆　　idol〔'aɪdl̩〕*n.* 偶像
appear〔ə'pɪr〕*v.* 出現　　fan〔fæn〕*n.* 迷；粉絲
concert〔'kɑnsɝt〕*n.* 演唱會；音樂會
talent〔'tælənt〕*n.* 天分；才藝　　***talent show*** 才藝表演

22.（ **A** ）在每週的哪幾天 Swion 不會出現？
　　　　(A) 週一和週五。　　　　　　(B) 週二和週四。
　　　　(C) 週五和週六。　　　　　　(D) 週四和週日。
　　　　* appearance〔ə'pɪrɪəns〕*n.* 出現

23.（ **B** ）Jade 想要帶媽媽在母親節那天去看 Swion。他們會看到哪一個節目？
　　　　(A) Swion 的演唱會。　　　　(B) Swion 的特別節目。
　　　　(C) Swion 的才藝表演。　　　　(D) Swion 和朋友。

（24～26）

> 泰德：妳怎麼了？妳看起來好像很累。
> 艾咪：我昨晚和科技大戰了一場。
>
> 泰德：什麼意思？
> 艾咪：我兒子傑克，花太多時間在受歡迎的社群網絡——臉書上了。
>
> 泰德：我懂了。他都用臉書做什麼？
> 艾咪：他有時候會玩遊戲，不過大部分時候，他都只是和朋友在臉書上聊天。他寧願整晚在那裡聊天，也不願和我們說話。
>
> 泰德：其實，我家也有同樣的問題。
> 艾咪：別告訴我是你女兒。

泰德：不，是我媽。自從我教會她使用智慧型手機之後，她
　　　就一直盯著手機。昨晚我問她，她和一些老朋友下午
　　　茶喝得怎樣，她回答說：「去我的照片按『讚』，你就
　　　知道了。」

艾咪：太瘋狂了。我應該戴一個拇指形狀的面具在臉上，那
　　　我家人可能會多在意我一點。

泰德：妳說得對。科技打敗我們了。

【註釋】

fight〔faɪt〕*n.* 作戰　　technology〔tɛk'nɑlədʒɪ〕*n.* 科技
social〔'soʃəl〕*adj.* 社交的　　network〔'nɛt,wɝk〕*n.* 網路系統
chat〔tʃæt〕*v.* 聊天　　***would rather V than V*** 寧願～而不願…
smartphone〔'smɑrt,fon〕*n.* 智慧型手機
stare〔stɛr〕*v.* 盯著；凝視 < *at* >　　***all the time*** 一直
crazy〔'krezɪ〕*adj.* 發瘋的　　thumb〔θʌm〕*n.* 拇指
shape〔ʃep〕*n.* 形狀　　mask〔mæsk〕*n.* 面具
***Tell me about it.*** 你說得對。　　beat〔bit〕*v.* 打敗

24.(**D**)　"stare at" 是什麼意思？

　　　(A) 拿起。　　(B) 放旁邊。　　(C) 進入。　　(D) 看著。

25.(**A**)　愛咪建議在臉書上使用什麼符號？

(A)　　　　　　　　　　　　(B)

(C)　　　　　　　　　　　　(D)

\* sign〔saɪn〕*n.* 符號

26. ( **C** ) 爲什麼艾咪說她和科技作戰？

    (A) 她不知道如何使用手機。

    (B) 科技是最新的比賽，她想贏得比賽。

    (C) <u>她想要她的兒子在網路上少花點時間。</u>

    (D) 她是一位戰士。

    * fighter〔ˈfaɪtɚ〕*n.* 戰士

（27～28）

---

親愛的愛斯博士：

    我從小到大非常依賴父母。當有些小孩 12 歲，已經在做一些事情，像煮飯、自己清洗時，我爸媽總還是幫我和我弟弟做。情況不壞，除了一點，我現在已經快要 18 歲了，我擔心我高中以後，很多事情沒辦法自己做，或是自己住。請幫幫我！

---

親愛的過度依賴：

    雖然許多小孩會想要童年時沒有責任，但你知道這樣會讓你處於不太好的情況。不過，現在就開始培養過一個不同生活所需的技能也不嫌遲。把你必須學習的每樣事情整理成一個表格──從煮飯和打掃，到金錢管理。然後，決定一下在各個領域裡誰可以幫你（朋友、父母、甚至是電視和網路），你自己做一個計劃。接下來就遵循這個計劃，學習你必須學的事情。不要期待事情可以立刻做得很正確。你練習（犯的錯）越多，你就會學得越多。

【註釋】

ace〔es〕*n.*（撲克牌的）A；一流人才　　raise〔rez〕*v.* 養育
dependent〔dɪ'pɛndənt〕*adj.* 依賴的 < *on* >
*for oneself* 自己~　　except〔ɪk'sɛpt〕*prep.* 除了~之外
worried〔'wɜɪd〕*adj.* 擔心的　　*be able to V* 能夠
*on one's own* 獨自地　　childhood〔'tʃaɪld,hʊd〕*n.* 童年
responsibility〔rɪ,spɑnsə'bɪlətɪ〕*n.* 責任
situation〔,sɪtʃu'eʃən〕*n.* 情況
develop〔dɪ'vɛləp〕*v.* 發展；培養
skill〔skɪl〕*n.* 技術；技能　　*put together* 組合；整理
list〔lɪst〕*n.* 清單；一覽表　　manage〔'mænɪdʒ〕*v.* 管理
decide〔dɪ'saɪd〕*v.* 決定　　area〔'ɛrɪə〕*n.* 範圍；領域
follow〔'falo〕*v.* 遵循　　expect〔ɪk'spɛkt〕*v.* 期待
correctly〔kə'rɛktlɪ〕*adv.* 正確地　　*right away* 立刻；馬上
practice〔'præktɪs〕*v.* 練習　　mistake〔mə'stek〕*n.* 錯誤
*The more* ~, *the more* ···. 越~就越···。

27. (**A**) 這封信裡的 "dependent on" 意思是什麼？

　　(A) 人們為他/她做事情。　(B) 人們對別人說謊。

　　(C) 發瘋的人。　　　　　(D) 愚蠢的人。

　　* lie〔laɪ〕*v.* 說謊　　stupid〔'stupɪd〕*adj.* 愚蠢的

28. (**B**) 愛斯博士沒有建議哪一件事？

　　(A) 向父母求助。　　　　(B) 一切事情依賴父母。

　　(C) 練習自己做事情。　　(D) 在網路上找答案。

　　* suggest〔sə(g)'dʒɛst〕*v.* 建議；提議
　　　depend〔dɪ'pɛnd〕*v.* 依賴 < *on* >

（29~31）

這裡有一些簡訊對話。

傑瑞：媽媽，妳在哪裡？

媽媽：我剛離開超市。在回家的路上。你為什麼問呢，寶貝？

傑瑞：妳把我帶到超市的。

媽媽：噢，天啊，我馬上回去接你。

---

爸爸：兒子，你有大麻煩了。

蓋瑞：為什麼？

爸爸：你在學校傳簡訊給我。

蓋瑞：你是認真的嗎？你先傳給我的。

---

媽媽：你的舅舅過世了。LOL

辛蒂：那為什麼好笑？

媽媽：當然不好笑。妳是什麼意思？

辛蒂：媽媽，LOL 的意思是「笑出聲音」。

媽媽：噢，我的天啊，我把那傳給每個人了。我以為那意思是「很多愛」。我必須打電話給他們了。

---

彼得：妳為什麼沒有回答我？

茱蒂：抱歉，我手機掉了找不到。等我找到再傳簡訊給你。

彼得：好的。

彼得：妳找到了沒？

茱蒂：還沒。

彼得：好，找到了讓我知道。

【註釋】

text〔tɛkst〕*n.* 簡訊 *v.* 傳簡訊　　***on the way*** 在途中
sweetie〔'switɪ〕*n.* 可愛的人【用來稱呼女生或小孩】
***oh, dear*** 噢，我的天　　***pick sb. up*** 接某人
***in a minute*** 馬上；立刻　　***be in trouble*** 有麻煩
serious〔'sɪrɪəs〕*adj.* 嚴肅的；認真的　　***pass away*** 過世
funny〔'fʌnɪ〕*adj.* 好笑的　　***out loud*** 出聲地
***laugh out loud*** 笑出聲音　　drop〔drɑp〕*v.* 掉落

29. ( **B** ) 彼得和茱蒂眞實情況可能發生了什麼事？

　　(A) 茱蒂沒有找到她的手機。

　　(B) 茱蒂的手機沒有丟掉。

　　(C) 彼得找到茱蒂的手機。

　　(D) 彼得沒有回覆茱蒂的來電。

　　* truly〔'trulɪ〕*adv.* 眞實地

30. ( **A** ) 你可以用 "LOL" 來表示什麼？

　　(A) 當你快樂時。　　　　(B) 當你很疲倦時。

　　(C) 當你有麻煩時。　　　　(D) 當有人過世時。

31. ( **C** ) 根據這四則簡訊，何者正確？

　　(A) 辛蒂的舅媽過世了。

　　(B) 蓋瑞先傳簡訊給他的爸爸。

　　(C) 傑瑞被留在超市裡。

　　(D) 茱蒂是彼得最好的朋友。

( 32~33 )

新貨到

特惠價

| 服飾部門 | 運動部門 |
|---|---|
| 女裝和青少年服飾 | 慢跑、游泳、健行類… |
| 鞋子部門 | 配件區 |
| 男鞋、女鞋、童鞋 | 皮帶、領帶、珠寶… |

運費：150 元

購買超過 2,000 元免運費

**【註釋】**

deal〔dil〕*n.* 交易　　clothing〔ˋkloðɪŋ〕*n.* 服裝
department〔dɪˋpɑrtmənt〕*n.* 部門　　jogging〔ˋdʒɑgɪŋ〕*n.* 慢跑
hiking〔ˋhaɪkɪŋ〕*n.* 健行　　accessory〔əkˋsɛsərɪ〕*n.* 配件
jewelry〔ˋdʒuəlrɪ〕*n.* 珠寶　　shipping〔ˋʃɪpɪŋ〕*n.* 運送
purchase〔ˋpɝtʃəs〕*n.* 購買

32. ( **D** ) 貝瑞正在為女朋友尋找一隻手錶，他應該去哪一個部門？

    (A) 服飾部門。　　　　　(B) 運動部門。

    (C) 鞋子部門。　　　　　(D) <u>配件區。</u>

33. ( **C** ) 下面是艾德的購物清單。如果他不想付運費，他應該增加哪一項商品在他的清單裡？

| | |
|---|---|
| 慢跑鞋 | $1,200 |
| 褲子 | $450 |
| 一雙襪子 | $150 |

這些商品目前打八折。

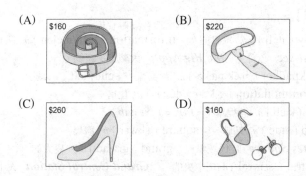

(A) $160  (B) $220

(C) $260  (D) $160

\* product〔'prɑdəkt〕*n.* 商品

（34～37）

**每日情報**

凱特・傑瑞  2015/8/20

　　對許多人而言，紐約是必看的都市，但是到紐約旅遊可能非常昂貴。就連住在背包客旅社一晚也要 65 到 80 元美金。現在有<u>一個有趣的旅遊方式</u>，可以減少你的住宿費用。一家計程
　　　　　　34
車公司讓顧客睡在計程車後座，一個晚上只要 40 元美金。

　　<u>這家計程車公司在市中心區</u>，離時代廣場只有三站，到大
　　　　35
中央車站一站，對於要好好欣賞曼哈頓風景的人也很方便。乘客可以搭計程車，同時<u>休息</u>。這個所謂「移動的房間」，已經
　　　　　　　　　　　36
吸引了遊客的注意。越來越多寧願把錢花在食物或入場費上，也不願花在<u>飯店</u>上。然而，有一個小小的問題。計程車上沒有
　　　　　　37
浴室或廁所。顧客們必須使用一些餐廳的洗手間。

## 【註釋】

daily〔'delɪ〕*adj.* 每日的　　information〔͵ɪnfə'meʃən〕*n.* 訊息
***must-see*** 必看　　***the Big Apple*** 大蘋果；紐約
backpacker〔'bæk͵pækə〕*n.* 背包客　　cut〔kʌt〕*v.* 減少
accommodation〔ə͵kɑmə'deʃən〕*n.* 住宿
cab〔kæb〕*n.* 計程車（= *taxi* = *taxi cab*）
stop〔stɑp〕*n.* 站牌　　square〔skwɛr〕*n.* 廣場
***Times Square*** 時代廣場　　grand〔grænd〕*adj.* 盛大的
central〔'sɛntrəl〕*adj.* 中央的　　***Grand Central Station*** 大中央車站
Manhattan〔mæn'hætn̩〕*n.*（紐約）曼哈頓區
passenger〔'pæsn̩dʒə〕*n.* 乘客　　so-called〔'so'kɔld〕*adj.* 所謂的
rolling〔'rolɪŋ〕*adj.* 滾動的　　attract〔ə'trækt〕*v.* 吸引
attention〔ə'tɛnʃən〕*n.* 注意力　　tourist〔'tʊrɪst〕*n.* 遊客
entrance〔'ɛntrəns〕*n.* 入口；入場　　fee〔fi〕*n.* 費用
bathroom〔'bæθ͵rum〕*n.* 浴室　　toilet〔'tɔɪlɪt〕*n.* 廁所

34. ( **A** )　(A) 有一個有趣的旅遊方式
　　　　　　(B) 有一個新的政府機關
　　　　　　(C) 有一位負責任的導遊
　　　　　　(D) 有一個不好的主意

　　　　　　　* government〔'gʌvənmənt〕*n.* 政府
　　　　　　　　service〔'sɝvɪs〕*n.* 服務；（政府）機構
　　　　　　　　responsible〔rɪ'spɑnsəbl̩〕*adj.* 負責任的
　　　　　　　　guide〔gaɪd〕*n.* 引導者；導遊　　***tour guide*** 導遊

35. ( **C** )　(A) 有很多博物館
　　　　　　(B) 計程車到處都有
　　　　　　(C) 這家計程車公司在市中心區
　　　　　　(D) 這座飯店離市中心很遠

　　　　　　　* museum〔mju'ziəm〕*n.* 博物館
　　　　　　　　***far from*** 遠離

36. ( **B** ) (A) 呼吸　　　　　　　　(B) <u>休息</u>
　　　　　(C) 就座　　　　　　　　(D) 考試
　　　　　　* breath〔brεθ〕n. 呼吸　　seat〔sit〕n. 座位

37. ( **A** ) (A) <u>飯店</u>　　　　　　　(B) 博物館導遊
　　　　　(C) 小費　　　　　　　　(D) 交通工具
　　　　　　* tip〔tɪp〕n. 小費
　　　　　　　transportation〔͵trænspɚ'teʃən〕n. 交通工具

（38～41）

---

　　　　任何人都可以改變世界。我過去曾經是個<u>只在乎自己</u>的
　　　　　　　　　　　　　　　　　　　　　　　38
人。但我覺得我在這個世界上是個陌生人。然後我了解到，其
實只需要為生活找個目標就好了。我認為每個人每個月，都應
該去作幾小時的義工，藉此他們就會找到生活中重要的事情。
人們認為，如果他們不能解決世界上所有的問題，不能一夜之
間改善這個世界，那他們所能做的就是<u>管好自己的事，少管其
　　　　　　　　　　　　　　　　　　　　　　　　　39
他閒事</u>。如果大家都這麼做，世界就會變得很冷漠。每個行動
事實上確實有助於改變。我們每一個人都有力量，決定<u>要為我
們所在的世界做什麼</u>，或者選擇什麼也不做。我相信我們能夠
　　　40
做出那個選擇。如果我們選擇感受某件事的熱情，卻什麼也沒
做，我們就是選擇了不做。我們必須相信自己，並且用自己的
力量去<u>幫助其他人</u>。
　　41

---

【註釋】

***used to V*** 過去曾經；過去常常　　***stranger*** 〔ˈstrendʒɚ〕*n.* 陌生人
**realize** 〔ˈrɪəlˌaɪz〕*v.* 了解　　**volunteer** 〔ˌvɑlənˈtɪr〕*v.* 自願；當義工
***a couple of*** 二個；幾個　　**solve** 〔sɑlv〕*v.* 解決
**overnight** 〔ˈovɚˈnaɪt〕*adv.* 一夜之間　　**action** 〔ˈækʃən〕*n.* 行動
**contribute** 〔kənˈtrɪbjut〕*v.* 貢獻　　**power** 〔ˈpauɚ〕*n.* 力量
**choice** 〔tʃɔɪs〕*n.* 選擇　　**passion** 〔ˈpæʃən〕*n.* 熱情

38. ( **A** ) (A) <u>只在乎自己</u>　　　　(B) 愛世界上每一個人

(C) 想要幫助窮人　　　　(D) 經常探望老人院

\* **senior** 〔ˈsinjɚ〕*adj.* 年長的

39. ( **B** ) (A) 把自己所有的錢都送給別人

(B) <u>管好自己的事，少管其他閒事</u>

(C) 對所有人表現出大愛

(D) 藉由得到更多專注來改變世界

\* **attention** 〔əˈtɛnʃən〕*n.* 注意力

40. ( **C** ) (A) 要尊敬誰

(B) 如何拯救其他人

(C) <u>要為我們所在的世界做什麼</u>

(D) 到哪裡幫助其他人

\* **respect** 〔rɪˈspɛkt〕*v.* 尊敬

41. ( **C** ) (A) 使我們自己快樂且富有

(B) 使這個世界更糟糕

(C) <u>幫助其他人</u>

(D) 遠離其他人

\* **worse** 〔wɜs〕*adj.* 更糟的　　***stay away from*** 遠離

# TEST 2 詳解

## 聽力測驗（第 1-21 題，共 21 題）

第一部分：辨識句意（第 1-3 題，共 3 題）

1. ( **B** ) (A)　　　　　　(B)　　　　　　(C)

The book Jim is reading is very interesting.
吉姆正在讀的那本書很有趣。

2. ( **C** ) (A)　　　　　　(B)　　　　　　(C)

The catcher caught a ball. 捕手接住了球。

* catcher〔ˈkætʃɚ〕 n. 捕手

3. ( **B** ) (A)　　　　　　(B)　　　　　　(C)

It is freezing today and May is wearing a warm overcoat.

今天很冷，小美穿著溫暖的大衣。

\* freezing (ˈfrizɪŋ) *adj.* 寒冷的
overcoat (ˈovəˌkot) *n.* 大衣

## 第二部分：基本問答（第 4-10 題，共 7 題）

4. ( **B** )　Am I supposed to do this work all by myself?

這個工作我應該自己做嗎？

(A)　Yes, I'll do it.　是的，我會做。

(B)　No, Helen will help you.　不，海倫會幫你。

(C)　Yes, Helen will help you.　是的，海倫會幫你。

\* *be supposed to V* 應該　　*(all) by oneself* 自己；獨自地

5. ( **A** )　Would you like some more coffee?　你要再喝點咖啡嗎？

(A)　No thanks.　Just the bill, please.　不，謝謝。帳單就好。

(B)　Not all the way.　Just the tip.　不是一整路。小費就好。

(C)　Sometimes.　Just for fun.　偶爾。只是好玩而已。

\* bill ( bɪl ) *n.* 帳單　　*all the way* 一路；大老遠
tip ( tɪp ) *n.* 小費　　*for fun* 為了好玩

6. ( **C** )　Are you going to ask Monica to marry you?

你要向莫妮卡求婚了嗎？

(A)　I should have told them sooner.

我應該早點告訴他們的。

(B)　I wouldn't be caught dead there.　我死也不要去那裡。

(C)　I haven't made up my mind.　我還沒下定決心。

\* marry (ˈmærɪ) *v.* 結婚
*wouldn't be caught dead* 死也不要；非常討厭
*make up one's mind* 下定決心

7. ( **B** ) How long do we have to wait this time?
我們這次必須等多久？

   (A) About a foot. 大約一呎。

   (B) About an hour. 大約一小時。

   (C) About a dollar. 大約一塊錢。

8. ( **B** ) Do you know the man standing by the door?
你認識站在門邊的那個人嗎？

   (A) No, the door is locked. 不，門鎖起來了。

   (B) Yes. His name is Daniel. 是的，他的名字叫丹尼爾。

   (C) Again, I wasn't there. 再說一次，我不在那裡。

9. ( **C** ) Do you want to do some window shopping while we're
downtown? 當我們到市中心時，你要不要去逛一逛？

   (A) Yes, let's wait until we get downtown.

     好，讓我們等到到達市中心吧。

   (B) Sure, you did the best you could do.

     當然囉，你已經盡全力了。

   (C) No, I'd rather just go straight to the theater.

     不，我寧可直接到戲院。

   \* *window shopping* 逛街
     downtown ( 'daʊn'taʊn ) *adj., adv.* 市中心
     *would rather V* 寧願     straight ( stret ) *adv.* 直接地
     theater ( 'θiətə ) *n.* 戲院；電影院

10. ( **A** ) What is your favorite dessert? 你最喜歡的甜點是什麼？

   (A) Chocolate ice cream. 巧克力冰淇淋。

   (B) Chicken and egg. 雞肉和蛋。

   (C) Pork and fish. 豬肉和魚。

   \* dessert ( dɪ'zɜt ) *n.* 甜點    pork ( pork ) *n.* 豬肉

第三部分：言談理解（第 11-21 題，共 11 題）

11.（**B**）M：Have you seen today's paper?

男：你看過今天的報紙了嗎？

W：No. Why?

女：還沒。你為什麼要問？

M：I want to look at the movie section and see what time the show starts.

男：我想看看電影版，看看節目何時開始。

Question：What does the man want to do today?

　　　　這位男士今天要做什麼？

(A) He wants to read the newspaper. 他要看報紙。

(B) He wants to see a movie. 他要去看電影。

(C) He wants the woman to show him where the movie theater is. 他要那位女士指給他看電影院在哪裡。

\* section（'sɛkʃən）*n.* 區域；（報紙的）版；欄

12.（**A**）M：Mom, I'm tired of taking piano lessons. I'm not getting any better, and I think the teacher hates me.

男：媽媽，我厭倦上鋼琴課了。我一點進步都沒有，而且我覺得老師討厭我。

W：Don't say that, Willie. You are getting better. I sit and listen to your lessons every time.

女：別那麼說，威利。你有進步，我每次都坐在那兒聽你上課。

M：But still, Ms. Wu is very strict and not friendly at all. I don't like her and I know she doesn't like me.

男：但話雖如此，吳老師非常嚴格，一點都不友善。我不喜歡她，我知道她也不喜歡我。

W：You don't know that. Ms. Wu's a very good teacher, Willie. But if you don't want to play piano anymore, that's up to you.

女：你不知道的。吳老師是一位非常好的老師，威利。但是如果你不想再彈鋼琴了，由你自己決定。

M：Can I take a few weeks off to think about it? Maybe I just need a break.

男：我可以休息幾週想一想？也許我只是需要休息一下。

W：That's fine. I'll call Ms. Wu and let her know.

女：好。我會打電話給吳老師，讓她知道這件事。

Question：Who is Ms. Wu? 吳老師是誰？

(A) A piano teacher. <u>一位鋼琴老師。</u>

(B) A yoga instructor. 一位瑜珈老師。

(C) A high school advisor. 一位中學導師。

* **be tired of** 厭倦　　**still** ﹝stɪl﹞ *adv.* 儘管如此
**strict** ﹝strɪkt﹞ *adj.* 嚴格的　　**be up to sb.** 由某人決定
**take some time off** 休息一段時間　　**break** ﹝brek﹞ *n.* 休息
**yoga** ﹝'jogə﹞ *n.* 瑜珈　　**instructor** ﹝ɪn'strʌktɚ﹞ *n.* 教師
**advisor** ﹝əd'vaɪzɚ﹞ *n.* 忠告者；顧問；導師

13. ( **B** ) M：Where will you go tomorrow?

男：妳明天要去哪裡？

W：I'm going to my aunt's home.

女：我要去我阿姨家。

M：Doesn't she live in your neighborhood?

男：她不是住在妳家附近嗎？

W：She moved to a small village near Nantou last month.

女：她上個月搬到南投附近的一個小村莊了。

Question：Where does the woman's aunt live?

這位女士的阿姨住在哪裡？

(A) In Nantou. 在南投。

(B) Near Nantou. <u>南投附近。</u>

(C) In the woman's neighborhood. 在這位女士家附近。

* neighborhood (ˈnebəˌhʊd) n. 鄰近地區；附近
village (ˈvɪlɪdʒ) n. 村莊

14. ( **B** ) January may seem like a dreary month since it can get so cold outside. But you can find plenty of fun things to do with your family in the first month of the year. With all the activities and celebrations, all of you will forget about the weather outside. Kids are playing indoors more these days, but keep them busy without video games. Staying in the house doesn't mean the kids have to sit in front of the TV all the time.

一月份似乎可能是個無聊的月份，因為外面非常冷。但是在一年的第一個月裡，你會發現很多有趣的事情，可以和家人一起做。有那麼多活動和慶祝，你們大家就會忘記外面的天氣了。這些天裡，小孩在室內玩比較多，但是要讓他們忙碌，不過不要玩電玩遊戲。待在室內並不表示，小孩就得一直坐在電視機前面。

Question：What happens in January?
一月會發生什麼事情？

(A) The days get longer. 白天變長了。

(B) The weather is cold. 天氣很冷。

(C) The kids spend more time outdoors.
小孩有更多時間待在戶外。。

* dreary (ˈdrɪrɪ) adj. 陰沈的；無聊的
***plenty of*** 很多　activity (ækˈtɪvətɪ) n. 活動
celebration (ˌsɛləˈbreʃən) n. 慶祝
indoors (ˈɪnˈdorz) adv. 在室內 (↔ *outdoors*)
video (ˈvɪdɪˌo) adj. 電視的；錄影的　***video game*** 電玩遊戲

15. ( **A** ) M：Hi. Are you the new neighbor in apartment 3F?
男：嗨，妳是 3F 公寓的新鄰居嗎？

W：Yes, I just moved in.

女：是的，我剛搬進來。

M：Well, welcome neighbor! My name is David. I live in apartment 2F.

男：嗯，歡迎妳，鄰居。我的名字是大衛，我住在 2F 公寓。

Question：Where does the girl live? 這個女孩住在哪裡？

(A) She lives in apartment 3F. 她住在 3F 公寓。

(B) She lives in apartment 2F. 她住在 2F 公寓。

(C) She doesn't live there. 她不住在那裡。

* neighbor〔'nebɚ〕n. 鄰居　　apartment〔ə'partmənt〕n. 公寓

16. ( **C** ) M：I went on a trip with my friends last week. The view was wonderful and the food was delicious, but I hurt my knees at the beach.

男：我上週和朋友一起去旅行。風景很漂亮，食物很美味，但是我在海灘上弄傷了我的膝蓋。

W：That's too bad. You should be careful next time.

女：那真是太糟糕的。你下次要小心一點。

Question：What happened to the man during the trip?
這位男士在旅途中發生了什麼事？

(A) He hurt his back. 他弄傷了他的背。

(B) He didn't enjoy the trip. 他不喜歡這趟旅行。。

(C) His knees got hurt. 他的膝蓋受傷了。

* ***go on a trip*** 去旅行　　knee〔ni〕n. 膝蓋

17. ( **C** ) W：Peter, your hair is getting too long. Summer is coming and it's going to be hot and uncomfortable. It's time for a visit to the barber shop.

女：彼得，你的頭髮太長了。夏天要到了，這樣會很熱、很不舒服。你該去理髮廳一趟了。

M : But Mom, I think I look better with longer hair. I have an odd-shaped head, and I look funny when my hair is short.

男：但是媽，我覺得我頭髮長一點比較好看。我的頭形很奇怪，短頭髮看起來很好笑。

W : You're imagining things. There's nothing wrong with your head.

女：你自己在想像的吧。你的頭形沒有任何問題。

M : All right, OK. I'll stop by on my way home from school and get a haircut.

男：好吧，好吧。我放學回家途中，會順便去剪頭髮。

W : Here's $300NT.

女：這裡是 300 元。

M : The barber only charges $150NT.

男：理髮只要 150 元啊。

W : I know. Keep the rest. Buy yourself a treat afterwards. You deserve it.

女：我知道。剩下的你留著。剪完後給自己買個好吃的。這是你應該得到的。

M : Thanks, Mom!

男：謝謝媽媽！

Question : What does the mother want her son to do?

這位媽媽要她的兒子做什麼？

(A) Take a bath. 洗澡。

(B) Study harder. 更用功讀書。

(C) Get a haircut. 剪頭髮。

* barber〔ˋbɑrbɚ〕n. 理髮師　　**barber shop** 理髮廳
odd〔ɑd〕adj. 奇怪的　　shape〔ʃep〕n. 形狀
funny〔ˋfʌnɪ〕adj. 好笑的　　imagine〔ɪˋmædʒɪn〕v. 想像
**stop by** 中途順道拜訪　　**on one's way home** 某人回家途中

haircut〔'hɛr͵kʌt〕*n.* 剪頭髮　　charge〔tʃɑrdʒ〕*v.* 收費
treat〔trit〕*n.* 樂事；常指「好吃的東西」
afterwards〔'æftəwədz〕*adv.* 之後（= *afterward*）
deserve〔dɪ'zɝv〕*v.* 應得　　bath〔bæθ〕*n.* 洗澡

18. ( **A** ) W : What can I do for you ?

女：我可以為你做什麼？

M : Can I have a look at the iPad over there?

男：我可以看看那邊那個 iPad 嗎？

Question : Where are the man and the woman talking?

這位男士和這位女士在哪裡講話？

(A) In a shop.　在商店裡。
(B) At school.　在學校。
(C) In a restaurant.　在餐廳裡。

\* **have a look at** 看一看

19. ( **B** ) M : Do you have time to go to a concert with us after
church on Sunday?

男：妳星期天做完禮拜後，有時間和我們去聽音樂會嗎？

W : I'd love to; I always enjoy spending time with
friends.

女：我很樂意去；我總是很喜歡和朋友聚在一起。

Question : What event are they going to?

他們要去參加什麼活動？

(A) A ball game.　一場球賽。
(B) A concert.　一場音樂會。
(C) A movie.　一場電影。

\* concert〔'kɑnsɝt〕*n.* 音樂會
church〔tʃɝtʃ〕*n.* 教堂；禮拜儀式　　event〔ɪ'vɛnt〕*n.* 活動

20. ( **A** ) W : This is a cute dress, but I'm not sure about the color. I don't wear a lot of green.

女：這件洋裝好可愛，但不確定顏色好不好。我不常穿綠色的。

M : I think it would look great on you. It matches your eyes.

男：我認為妳穿起來很好看，和妳的眼睛很相配。

W : Oh, these are colored contacts. My eyes are actually brown.

女：噢，這是有顏色的隱形眼鏡。我的眼睛其實是棕色的。

M : That's even better! Green and brown go together very well.

男：那更好！綠色和棕色非常相配。

Question : Where are they? 他們在哪裡？

(A) In the woman's fashion department. <u>女裝部門。</u>

(B) In the outdoor sporting goods aisle. 戶外運動用品區。

(C) In the customer service center. 顧客服務中心。

* cute〔kjut〕*adj.* 可愛的　　dress〔drɛs〕*n.* 洋裝
match〔mætʃ〕*v.* 相配　　colored〔ˈkʌləd〕*adj.* 有顏色的
contacts〔ˈkɑntækts〕*n. pl.* 隱形眼鏡（= *contact lenses*）
actually〔ˈæktʃʊəlɪ〕*adv.* 事實上　　***go together*** 相配
fashion〔ˈfæʃən〕*n.* 時尚　　department〔dɪˈpɑrtmənt〕*n.* 部門
sporting〔ˈsportɪŋ〕*adj.* 運動的　　goods〔gʊdz〕*n.* 商品
aisle〔aɪl〕*n.* 走道　　customer〔ˈkʌstəmə〕*n.* 顧客
service〔ˈsɝvɪs〕*n.* 服務　　center〔ˈsɛntə〕*n.* 中心

21. ( **B** ) M : When can I see Dr. Smith about my arm?

男：史密斯醫生什麼時候可以看我的手臂？

W : I'm sorry. He's off this month, but Dr. Mason can take you.

女：抱歉，他這個月休假，但梅森醫生可以幫你看。

Question：Where is Dr. Smith? 史密斯醫生在哪裡？

(A) In his office. 在他的診間裡。

(B) On vacation. 休假中。

(C) At lunch. 在吃午餐。

* off〔ɔf〕*adv.* 休息　　take〔tek〕*v.* 錄取；接受
  ***on vacation*** 休假中

## 閱讀測驗（第 1-41 題，共 41 題）

### 第一部分：單題（第 1-15 題，共 15 題）

1.(**A**) 起士蛋糕在哪裡？

(A) 在盤子裡。

(B) 在盒子裡。

(C) 在桌子下面。

(D) 在咖啡裡。

* cheesecake〔'tʃis,kek〕*n.* 起士蛋糕　　plate〔plet〕*n.* 盤子

2.(**B**) 我必須去看牙醫，因爲我的牙齒很痛。

(A) principal〔'prɪnsəpḷ〕*n.* 校長

(B) ***dentist***〔'dɛntɪst〕*n.* 牙醫

(C) carpenter〔'kɑrpəntɚ〕*n.* 木匠

(D) gardener〔'gɑrdṇɚ〕*n.* 園丁

* tooth〔tuθ〕*n.* 牙齒　　hurt〔hɝt〕*v.* 弄痛

3.(**A**) 珊曼莎計劃要繼續節食，直到她達到理想體重爲止。

(A) ***weight***〔wet〕*n.* 體重

(B) effect〔ɪ'fɛkt〕*n.* 影響；效果

(C) hairstyle〔'hɛr,staɪl〕*n.* 髮型

(D) grade〔gred〕*n.* 成績

　　　　　* diet〔'daɪət〕*v.* 節食　　reach〔ritʃ〕*v.* 到達；達到
　　　　　ideal〔aɪ'diəl〕*adj.* 理想的

4.(**A**) 史蒂夫是個非常乖巧的孩子。他總是幫忙父母做家事。昨天，
　　　　他自願用吸塵器吸地板。

　　　　(A) ***volunteer***〔ˌvɑlən'tɪr〕*v.* 自願
　　　　(B) search〔sɜtʃ〕*v.* 尋找
　　　　(C) quit〔kwɪt〕*v.* 停止；放棄
　　　　(D) answer〔'ænsɚ〕*v.* 回答
　　　　* housework〔'haʊsˌwɜk〕*n.* 家事
　　　　　vacuum〔'vækjʊəm〕*v.* 用吸塵器打掃　　floor〔flor〕*n.* 地板

5.(**D**) 這家餐廳的服務很好，所以我們留下了豐厚的小費。

　　　　(A) coin〔kɔɪn〕*n.* 硬幣　　　(B) dollar〔'dɑlɚ〕*n.* 美元
　　　　(C) price〔praɪs〕*n.* 價格　　　(D) ***tip***〔tɪp〕*n.* 小費
　　　　* service〔'sɜvɪs〕*n.* 服務

6.(**D**) 我有三個最好的朋友。其中一位是派屈克。其餘的則是史蒂夫
　　　　和布萊恩。

　　　　表示「其餘的；剩下的」，且不只一個時，用 ***The others***，
　　　　選 (D)。

7.(**A**) 肯：生日快樂！這是送妳的禮物。
　　　　美：你不該這麼做的。
　　　　肯：我希望妳喜歡。試穿一下。讓我看看穿起來如何。
　　　　美：這是我最喜歡的顏色。非常謝謝你。

　　　　(A) 試穿一下。　　　　　　(B) 別擔心。
　　　　(C) 快一點。　　　　　　　(D) 猜猜看發生了什麼事。
　　　　* ***try on*** 試穿；試戴

8. ( **D** ) 朗：抱歉，不知道你可不可以幫我。

唐：<u>當然。是什麼？</u>

　　(A) 請便。　　　　　　(B) 不，一點也不。
　　(C) 當然不。　　　　　(D) <u>當然。是什麼？</u>

9. ( **B** ) 莎莉：我們星期天去 KTV 吧？

貝蒂：不好意思，<u>我恐怕不能去。</u>

莎莉：沒關係。也許我們改天再去。

　　(A) 我很樂意。　　　　(B) <u>我恐怕不能去。</u>
　　(C) 我非常樂意。　　　(D) 我還沒準備好。

10. ( **C** ) 昨天有一些學生缺席，因爲他們食物中毒。

主詞 A number of students 爲複數形，且依句意爲過去式，
故選 (C) *were*。

\* *a number of* 一些　　absent〔'æbsn̩t〕*adj.* 缺席的
　*suffer from* 受苦；罹患　　poison〔'pɔɪzn̩〕*n.* 毒　*v.* 毒害
　*food poisoning* 食物中毒

11. ( **C** ) 這個可愛的小狗<u>屬於</u>珍妮。她喜歡養寵物。

belong「屬於」，表狀態，沒有進行式，表示「現在的狀態」，
用現在簡單式，故選 (C) *belongs*。

\* cute〔kjut〕*adj.* 可愛的　　puppy〔'pʌpɪ〕*n.* 小狗
　pet〔pɛt〕*n.* 寵物

12. ( **C** ) 葛雷：史黛西又買了另一輛跑車。

亨利：她眞是有錢。她是做什麼的？

葛雷：她<u>藉由</u>買賣房子來賺錢。

亨利：難怪。

表示「藉由」做某事，介系詞用 *by*，故選 (C)。

\* *sports car* 跑車　　wonder〔'wʌndɚ〕*n.* 驚奇
　*no wonder* 難怪

13. ( **A** ) 你應該要更常運動。保持狀況良好<u>對你有好處</u>，使你更健康。

   (A) <u>對你有好處</u>　　　　　(B) 放棄你

   (C) 不讓你進來　　　　　(D) 把你帶走

   \* **work out** 運動；健身　　fit〔fɪt〕*adj.* 健康的；狀況良好的

14. ( **D** ) 她帶她的客人去地下室，<u>炫耀</u>她的新洗衣機。

   (A) take off 脫掉　　　　(B) switch off 關掉

   (C) cut off 切斷　　　　　(D) **show off** 炫耀

   \* guest〔gɛst〕*n.* 客人　　basement〔'besmənt〕*n.* 地下室

15. ( **B** ) 你還記得老師在課堂上教的東西嗎？

   空格爲名詞子句，做 remember 的受詞，在名詞子句中，

   主詞和動詞不必倒裝，依句意選 (B) ***what the teacher***

   ***taught in class***，(D) 用 where 不合。

## 第二部分：題組（第 16-41 題，共 26 題）

**( 16～18 )**

---

  在台北，很多人現在搭公車或捷運時，都使用悠遊卡。使用者不必把卡片從口袋或袋子裡拿出來。悠遊卡快、安全又方便。

  在香港，八達通卡可以使用於更多地方，像是便利商店、超級市場，或是速食餐廳。

  這些智慧卡片可以像棒球卡或郵票一樣收集。他們也有不同的外形，像錶和手機。也許在不久的將來，我們可以一整天待在外面，都不必帶錢。科技眞的已經改變了我們的生活，不是嗎？

---

**【註釋】**

***EASY CARD*** 悠遊卡　　pocket〔'pɑkɪt〕*n.* 口袋

convenient〔kən'vinjənt〕*adj.* 方便的
octopus〔'ɑktəpəs〕*n.* 章魚　***Octopus Card*** 八達通卡
***convenience store*** 便利商店　　smart〔smɑrt〕*adj.* 聰明的
collect〔kə'lɛkt〕*v.* 收集　　stamp〔stæmp〕*n.* 郵票
***come in*** 有～（外形、尺寸、顏色等）　　form〔fɔrm〕*n.* 外形
***cell phone*** 手機　***in the near future*** 在不久的將來
whole〔hol〕*adj.* 整個的　　technology〔tɛk'nɑlədʒɪ〕*n.* 科技

16. ( **D** ) 誰最需要八達通卡？

    (A) 瑪麗要去海鮮餐廳享用章魚。

    (B) 山謬是一位醫生，想要使死掉的章魚復活。

    (C) 蘇到台北出差。她必須搭捷運。

    (D) <u>湯姆想要搭火車周遊香港。</u>

    * seafood〔'si,fud〕*n.* 海鮮　***bring ~ to life*** 使～復活
    ***on business*** 出差

17. ( **C** ) 關於悠遊卡，何者正確？

    (A) 可以在百貨公司和超市使用。

    (B) 悠遊卡幾乎和手機一樣大。

    (C) <u>我們可以收集悠遊卡，像收集郵票一樣。</u>

    (D) 你在台灣可以用它買到各地的火車票。

18. ( **B** ) 這篇文章最好的標題為何？

    (A) 交通安全　　　　　　(B) <u>智慧科技</u>

    (C) 輕鬆購物　　　　　　(D) 收集卡片

    * title〔'taɪtl̩〕*n.* 標題

( 19～20 )

    王老師的班上有 22 個男生、22 個女生。以下的長條圖顯示他們上學的方式。請看下圖，並回答問題。

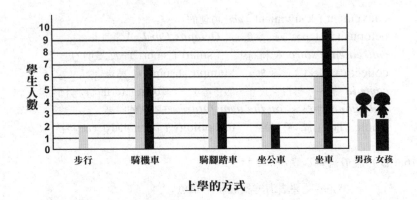

上學的方式

【註釋】

bar〔bɑr〕n. 長條　　chart〔tʃɑrt〕n. 圖表
***bar chart*** 長條圖　　***on foot*** 走路
motorcycle〔'motə͵saɪkl̩〕n. 機車

19. ( **C** ) 女生們有幾種不同的上學方式？

　　(A) 二種。　　(B) 三種。　　(C) 四種。　　(D) 五種。

20. ( **D** ) 有多少個學生搭公車上學？

　　(A) 二個。　　(B) 三個。　　(C) 四個。　　(D) 五個。

( 21～23 )

　　今天，我們要談論兩個用來形容重要人物的說法。第一個我們要看的就是 "bigwig"。這個字來自歐洲。在過去，戴假髮是男人的習俗，而且只有重要的男人才戴。一個人越重要，他戴的假髮就越大。有些假髮非常大，所以經常會蓋住男人的肩膀或背部。今日，人們使用 "bigwig" 這個字，來取笑那些認為自己很重要的人。

　　另外一個說法是 "big wheel"。據說在 1940 年代時，汽車修理員用「轉動巨輪」來描述重要人物，例如公司的領導人。在那之後，有人開始使用 "big wheel"，這個詞現在已經成為英文中很常見的用語了。

## 【註釋】

***talk about*** 談論　　expression〔ɪk'sprɛʃən〕*n.* 表達；說法
***take a look at*** 看一看　　bigwig〔'bɪg,wɪg〕*n.* 重要人物
Europe〔'jurəp〕*n.* 歐洲　　past〔pæst〕*n.* 過去
***in the past*** 在過去　　custom〔'kʌstəm〕*n.* 習俗
wig〔wɪg〕*n.* 假髮
***The*** + 比較級 + S + V⋯, ***the*** + 比較級 + S + V～　越⋯就越～
cover〔'kʌvɚ〕*v.* 覆蓋　　shoulder〔'ʃoldɚ〕*n.* 肩膀
***make fun of*** 取笑　　wheel〔hwil〕*n.* 輪子
***big wheel*** 重要人物　　auto〔'ɔto〕*n.* 汽車
mechanic〔mə'kænɪk〕*n.* 技工；維修員
roll〔rol〕*v.* 使滾動　　describe〔dɪ'skraɪb〕*v.* 描述
leader〔'lidɚ〕*n.* 領導人　　common〔'kɑmən〕*adj.* 常見的

21. ( **B** ) 這篇文章是關於什麼的？
　　　(A) 重要人物的故事。　　(B) 字詞和它們的起源。
　　　(C) 取笑別人的字詞。　　(D) 成為重要人物的方法。
　　　* origin〔'ɔrədʒɪn〕*n.* 起源

22. ( **D** ) 在今日，當別人稱某人為 "bigwig" 時，真正的意思是什麼？
　　　(A) 他們想和他一樣重要。
　　　(B) 他在他們心目中是真正重要的人。
　　　(C) 他們不喜歡他的髮型。
　　　(D) 他們嘲笑他自視太高。
　　　* ***laugh at*** 嘲笑　　***think highly of*** 重視

23. ( **C** ) 何者為眞？

(A) 在過去，歐洲重要的女士經常戴假髮。

(B) "big wheel" 這個名詞從 1930 年以來一直被使用。

(C) <u>在過去，人們可以從一個人的假髮看出他有多重要。</u>

(D) 在過去，重要的人都有很大的輪子。

　　* term〔tɜm〕*n.* 名詞　　　tell〔tɛl〕*v.* 分辨

( 24～25 )

---

　　　一隻年輕的駱駝對牠的媽媽說：「媽媽，我不懂。為什麼我們有大腳？」媽媽回答：「在沙漠中走路很困難。我們的腳可以使我們不會沈到沙子裡。」

　　　年輕的駱駝說：「好的，我懂了。但是我們的背上為何要有駝峰呢？」媽媽說：「沙漠裡水很少。我們把水分儲存在駝峰裡，就不會口渴了。」

　　　「我懂了，」年輕駱駝說道。「但是我們為什麼需要這些東西呢？我們住在動物園裡啊。」

---

【註釋】

camel〔ˈkæml̩〕*n.* 駱駝　　desert〔ˈdɛzɚt〕*n.* 沙漠
***stop** sb. **from** + **V-ing*** 使某人無法～　　sink〔sɪŋk〕*v.* 下沈
sand〔sænd〕*n.* 沙子　　***get it*** 了解
hump〔hʌmp〕*n.* 駝峰　　thirsty〔ˈθɜstɪ〕*adj.* 口渴的

24. ( **C** ) 我們可以在哪裡聽到這段對話？

　　　(A) 沙漠。　　　(B) 沙子。　　　(C) <u>動物園。</u>　　　(D) 駝峰。

　　　* dialogue〔ˈdaɪəˌlɔg〕*n.* 對話

25. ( **D** ) 根據駱駝媽媽的說法，駱駝爲什麼需要大腳？

    (A) 爲了看起來更好看。    (B) 爲了住在動物園。

    (C) 爲了儲存更多水。    <u>(D) 爲了走路更安全。</u>

    * save〔sev〕*n.* 儲存

**( 26～27 )**

> 現在，很多人都想做環保。
>
> 身爲建築師，羅先生非常努力嘗試，想建造出既現代又環保的房子。此外，他到處旅行，想得到最新的想法。
>
> 去年冬天，他到歐洲，造訪了倫敦附近一座小鎮。那裡的人們用很聰明的想法來蓋房子。他們回收廢物再做成有用的東西。甚至連電力都是從垃圾變來的。藉由善用天然資源，像太陽和雨水，鎮上的人們仍然可以過著舒適的生活。
>
> 在這趟旅行之後，羅先生決定要效法他們的榜樣。他相信，把環保的想法帶進他的設計中，是一個雙贏的作法。

**【註釋】**

green〔grin〕*adj.* 綠色的；環保的    ***go green*** 做環保
architect〔ˈɑrkəˌtɛkt〕*n.* 建築師    modern〔ˈmɑdən〕*adj.* 現代的
eco-friendly〔ˈɛkoˌfrɛndlɪ〕*adj.* 環保的    ***what's more*** 此外
latest〔ˈletɪst〕*adj.* 最新的    recycle〔riˈsaɪkḷ〕*v.* 回收再利用
waste〔west〕*n.* 廢物    useful〔ˈjusfəl〕*adj.* 有用的
electricity〔ɪˌlɛkˈtrɪsətɪ〕*n.* 電    garbage〔ˈgɑrbɪdʒ〕*n.* 垃圾
***make the most of*** 善用    natural〔ˈnætʃərəl〕*adj.* 天然的
resource〔riˈsors〕*n.* 資源    comfortable〔ˈkʌmfətəbḷ〕*adj.* 舒適的
follow〔ˈfɑlo〕*v.* 遵循；效法    example〔ɪgˈzæmpḷ〕*n.* 模範；榜樣
believe〔bəˈliv〕*v.* 相信    design〔dɪˈzaɪn〕*n.* 設計
***win-win*** 雙贏的

26. ( **C** ) "architect" 這個字意義爲何？

    (A) 到處旅行的人。    (B) 喜歡交朋友的人。

    (C) <u>蓋房子的人。</u>    (D) 把房子漆成綠色的人。

    * paint〔pent〕 v. 油漆

27. ( **D** ) 有關羅先生，何者錯誤？

    (A) 他蓋的房子不只是現代，而且很環保。

    (B) 他相信人們可以在「環保」屋裡住得很舒適。

    (C) 藉由學習最新的觀念，他使他的設計更加符合環保。

    (D) <u>在他的歐洲之旅中，他知道了那裡的生活很艱難。</u>

（28～30）

想想你在咖啡廳或餐廳裡，隔壁桌的人在吸煙。你聞到的都是煙，你開始覺得好像不能呼吸。這就稱爲二手煙，二手煙不只很難聞，而且對健康有害。

因爲香煙的煙會害死吸煙者及其周遭的人，所以很多地方都已經禁止在室內吸煙。在加拿大和美國部分地區，人們只能在戶外吸煙。研究顯示，有更多人戒煙，就是因爲這項禁令。在台灣也有禁止在室內吸煙的禁令，所以你可以在無煙的環境下享用你的晚餐。

【註釋】

imagine〔ɪˋmædʒɪn〕 v. 想像    smell〔smɛl〕 v. 聞到
breathe〔brið〕 v. 呼吸    secondhand〔ˋsɛkəndˋhænd〕 adj. 二手的
**secondhand smoke** 二手煙    cigarette〔ˋsɪgəˏrɛt〕 n. 香煙
ban〔bæn〕 v., n. 禁止    indoors〔ˋɪnˋdorz〕 adv. 在室內
study〔ˋstʌdɪ〕 n. 研究    smoke-free〔ˋsmokˋfri〕 adj. 無煙的

28.( **C** ) 本文的主旨為何？

  (A) 餐廳和咖啡廳不喜歡吸煙者。

  (B) 在加拿大和美國，人們吸較少煙。

  (C) <u>在室內吸煙應該被禁止。</u>

  (D) 研究顯示許多人已經戒煙了。

29.( **B** ) 他們「禁止」在餐廳裡吸煙，所以

  (A) 人們被迫在室內吸煙。

  (B) <u>沒有人可以在餐廳裡吸煙。</u>

  (C) 每個人都必須在餐廳裡吸煙。

  (D) 餐廳裡每樣東西都免費。

30.( **D** ) 「在無煙的環境下享用你的晚餐」意思是

  (A) 你不必為吸煙付費。

  (B) 你吃晚餐時吸煙免費。

  (C) 你可以在餐廳裡吃晚餐，並且隨意地吸煙。

  (D) 你不必聞其他人的煙。

  \* *for free* 免費地  freely〔'frilɪ〕*adv.* 自由地；隨意地

( 31~33 )

| 這是馬克家裡每天家事分配表。 | | | | |
|---|---|---|---|---|
| **家　事** | 爸爸 | 媽媽 | 馬克 | 露西 |
| 煮晚餐 | ◎ | ◎ | | |
| 倒垃圾 | ◎ | | ◎ | |
| 洗碗盤 | ◎ | | | ◎ |
| 清理浴室 | | ◎ | * | |
| 遛狗 | * | * | * | * |
| ◎ 每天做　　　* 只有週末才做 | | | | |

【註釋】

list〔lɪst〕n. 一覽表　　housework〔'haʊs,wɝk〕n. 家事
trash〔træʃ〕n. 垃圾　　***take out the trash*** 倒垃圾
bathroom〔'bæθ,rum〕n. 浴室　　walk〔wɔk〕v. 遛（狗）

31. (**A**) 誰做最多的家事？

   (A) 爸爸。　　(B) 媽媽。　　(C) 馬克。　　(D) 露西。

32. (**C**) 今天是星期三。馬克要做哪一項家事？

   (A) 煮晚餐。　　(B) 遛狗。　　(C) 倒垃圾。　　(D) 清理浴室。

33. (**B**) 星期六他們會一起做什麼事？

   (A) 煮晚餐。　　(B) 遛狗。　　(C) 洗碗盤。　　(D) 清理浴室。

（34～37）

臉書是今年台灣最受歡迎的網站之一。臉書在 2004 年由馬克・祖柏克創辦。起初，這個網絡只有美國大學生使用。在
<u>　　34　　　　35　</u>
2006 年，它開始開放給全世界。使用人數從那時起，成長到超過三億。據說，它是尋找老朋友和結交新朋友，最容易的方法。全世界的人也都對它的遊戲著迷，像是快樂農場、農場鄉村、開心水族箱等等。部分遊戲在有些辦公室裡甚至被阻止，因為
<u>　　　　　　36　</u>
老闆擔心，員工可能會花太多時間玩遊戲。我們應該要記得，玩遊戲可能是有趣的，但我們絕不該忘記工作和讀書。
<u>　37　</u>

【註釋】

website〔'wɛb,saɪt〕n. 網站　　network〔'nɛt,wɝk〕n. 網絡
crazy〔'krezɪ〕adj. 瘋狂的　　***be crazy about*** 為～瘋狂；為～著迷
fishbowl〔'fɪʃ,bol〕n. 金魚缸　　***and so on*** 等等
worried〔'wɝɪd〕adj. 擔心的　　forget〔fɚ'gɛt〕v. 忘記

34.( **A** ) 依句意，臉書是「被創辦」，應是被動，且爲過去式，
故選 (A) *was started*。

35.( **C** ) (A) after all 畢竟　　　　　(B) above all 最重要的是；尤其
　　　　 (C) *at first* 起初　　　　　(D) no wonder 難怪

36.( **B** ) 依句意，遊戲「被制止」，應爲被動，故選 (B) *were even
stopped*。

37.( **B** ) 依句意，玩遊戲「可能是」有趣的，而本句缺乏動詞，故應用
助動詞和原形動詞，fun 在此爲形容詞用法，要搭配 be 動詞，
選 (B) *may be*。(A)「可能」，爲副詞，文法不合。

( 38~41 )

---

　　如果你航行到夏威夷和加州之間，你會發現有一大片海洋，
像非洲一樣大，都被垃圾<u>覆蓋著</u>。大部分垃圾來自陸地，被風吹
　　　　　　　　　　　38
過來或是被水帶來的，還有一些是直接被丟到海裡。大部分垃圾
都是塑膠製品：塑膠袋、塑膠杯、塑膠罐，還有其他很多。

　　<u>垃圾都去哪裡了呢</u>？有些就留在海裡，有些被沖到海灘上，
　　　　　39
還有最糟的是，有些<u>進到海鳥和海洋動物的胃裡</u>。許多海鳥和海
　　　　　　　　　　　　40
洋動物死亡，就是因爲它們吃了海裡的垃圾。那些有幸能夠活下
來的，可能有一天會來到我們的晚餐餐盤上。我們丟掉的垃圾，
不知如何就會<u>回到我們身邊</u>。
　　　　　　41

　　要牢牢記住垃圾所發生的狀況。在你要丟掉任何東西之前，
你可能就會三思了。

---

## 【註釋】

sail〔sel〕*v.* 航行　　Hawaii〔hə'wɑjə〕*n.* 夏威夷
California〔͵kælə'fɔrnjə〕*n.* 加州　　part〔pɑrt〕*n.* 部分
Africa〔'æfrɪkə〕*n.* 非洲　　cover〔'kʌvɚ〕*v.* 覆蓋
garbage〔'gɑrbɪdʒ〕*n.* 垃圾　　land〔lænd〕*n.* 陸地
wind〔wɪnd〕*n.* 風　　straight〔stret〕*adv.* 直接地
plastic〔'plæstɪk〕*adj.* 塑膠（製）的　　can〔kæn〕*n.* 罐子
*worst of all* 最糟的是　　seabird〔'si͵bɝd〕*n.* 海鳥
lucky〔'lʌkɪ〕*adj.* 幸運的　　*live on* 繼續活下去
*throw away* 丟掉　　*one way or another* 以某種方式；不知如何
*keep sth. in mind* 把某事牢記在心
happen〔'hæpən〕*v.* 發生　　*think twice* 三思

38. ( **C** ) *be covered with* 覆蓋著～

39. ( **A** ) (A) 垃圾都去哪裡了呢　　(B) 我們如何處理垃圾呢
　　　　　(C) 垃圾來自哪裡呢　　(D) 這些垃圾是怎麼到海洋的
　　　　　　　* *what⋯do with*～　如何處理～

40. ( **A** ) (A) 進到海鳥和海洋動物的胃裡
　　　　　(B) 使海鳥和海洋動物無法飛行
　　　　　(C) 充滿了海鳥和海洋動物的生活空間
　　　　　(D) 沈到海底，永遠不會再浮上來
　　　　　　* enter〔'ɛntɚ〕*v.* 進入　　stomach〔'stʌmək〕*n.* 胃
　　　　　　　fill〔fɪl〕*v.* 使充滿　　living〔'lɪvɪŋ〕*adj.* 生活的
　　　　　　　space〔spes〕*n.* 空間　　bottom〔'bɑtəm〕*n.* 底部

41. ( **B** ) (A) 被整理乾淨　　　　(B) 回到我們身邊
　　　　　(C) 對其他人很有用　　(D) 離開我們的視線
　　　　　　* tidy〔'taɪdɪ〕*v.* 使整齊　　*tidy up* 整理；收拾
　　　　　　　sight〔saɪt〕*n.* 視線　　*get out of sight* 離開視線；看不見

# TEST 3 詳解

## 聽力測驗（第 1-21 題，共 21 題）

第一部分：辨識句意（第 1-3 題，共 3 題）

1. ( **B** ) (A) 　(B) 　(C)

Susan is chatting online with her net pal.

蘇珊正在網路上和網友聊天。

* chat〔tʃæt〕 *v.* 聊天　　online〔'ɑn'laɪn〕 *adv.* 在網路上
　net〔nɛt〕 *n.* 網路　　pal〔pæl〕 *n.* 朋友　　***net pal*** 網友

2. ( **C** ) (A) 　(B) 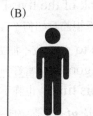　(C)

Excuse me, can you tell me where the ladies' room is?

不好意思，你可以告訴我女廁在哪裡嗎？

* ***ladies' room*** 女廁

3. ( **A** ) (A) 　(B) 　(C)

It was a close game.  The Lions won over the Tigers by four points.  這是一場勢均力敵的比賽。獅隊以四分險勝虎隊。

* close〔klos〕 *adj.* 接近的；勢均力敵的
  point〔pɔɪnt〕 *n.* 分數

## 第二部分：基本問答（第 4-10 題，共 7 題）

4. ( **A** ) Please sit down.  Our guest speaker will be arriving shortly.  請坐。我們邀請來的演講者快要到了。

　　(A)  Do we have to take notes?  我們必須記筆記嗎？

　　(B)  Is there a time limit on the exam?  考試有時間限制嗎？

　　(C)  Does the bus stop at Taipei 101?
　　　　　這班公車會在台北 101 停嗎？

　　* guest〔gɛst〕 *adj.* 賓客的；受邀的
　　　shortly〔'ʃɔrtlɪ〕 *adv.* 不久；很快　　***take notes*** 記筆記

5. ( **B** ) What did you think of the live TV show?
　　　　你認為這個現場的電視節目如何？

　　(A)  I can't afford to go.  我不能去。

　　(B)  It was pretty good.  相當好。

　　(C)  Maybe not this time.  也許不是這一次。

　　* ***What do you think of~?*** 你認為～如何？【問看法】
　　　live〔laɪv〕 *adj.* 現場的　　afford〔ə'ford〕 *v.* 負擔得起；能夠
　　　pretty〔'prɪtɪ〕 *adv.* 相當地

6. ( **A** ) Do we have time to stop for a bubble tea?
　　　　我們有時間喝個珍珠奶茶嗎？

　　(A)  I'm afraid not.  We're already ten minutes late.
　　　　恐怕沒有。我們已經遲到十分鐘了。

　　(B)  I was afraid to.  You know he has a bad temper.
　　　　我很怕。你知道他脾氣不好。

(C) What are you afraid of?  It's only tea.

你在怕什麼？這只是茶而已。

* bubble〔'bʌbḷ〕 *n.* 泡沫　　***bubble tea***　珍珠奶茶

temper〔'tɛmpə 〕 *n.* 脾氣

7. ( **A** ) Would you like a piece of cake?　你想吃塊蛋糕嗎？

(A) No, thanks.  <u>不，謝謝。</u>

(B) What kind of dog?　哪一種狗？

(C) You're welcome.　不客氣。

8. ( **C** ) What did you boys do this afternoon while I was away?

我不在的時候，你們這些男孩在做什麼呢？

(A) They broke the window, not us.

是他們打破窗戶的，不是我們。

(B) She was gone all afternoon.　她整個下午都不見蹤影。

(C) We did our homework.  <u>我們做了功課。</u>

* away〔ə'we〕 *adj.* 離開的；不在的

homework〔'hom,wɝk〕 *n.* 家庭作業

9. ( **B** ) What's your office phone number?

你辦公室的電話號碼幾號？

(A) 1220 West Park Avenue.　西公園大道 1220 號。

(B) 2555-2345.  <u>2555-2345。</u>

(C) Bill Smith.  S-M-I-T-H.　比爾・史密斯。S-M-I-T-H。

* avenue〔'ævə,nju〕 *n.* 林蔭大道

10. ( **B** ) Where did Sam buy his new jacket?

山姆的的新夾克在哪裡買的？

(A) It looked nice on him.　他穿起來很好看。

(B) At a store next to the bank.  <u>在銀行隔壁的商店。</u>

(C) Someone he liked very much.　他非常喜歡的一個人。

* jacket〔'dʒækɪt〕 *n.* 夾克　　***next to***　在～隔壁

第三部分：言談理解（第 11-21 題，共 11 題）

11. ( **C** ) M：Listen, do you hear that?

　　　　男：你聽，你聽到了嗎？

　　　　W：Sounds like little scratching noises.　Where is it coming from?

　　　　女：聽起來像是小小的抓東西的聲音。聲音從哪裡來的？

　　　　M：I think it's coming from the kitchen ceiling.

　　　　男：我想是來自廚房天花板。

　　　　W：Is it mice?

　　　　女：是老鼠嗎？

　　　　M：I'm afraid so.

　　　　男：恐怕是的。

　　　　W：Yuck!

　　　　女：噁！

　　　　Question：Where is the noise coming from?

　　　　　　　　　這個噪音來自哪裡？

　　　　(A) The bathroom floor.　浴室地板。

　　　　(B) The dining room wall.　餐廳牆壁。

　　　　(C) The kitchen ceiling.　<u>廚房天花板。</u>

　　　　* scratch〔skrætʃ〕v. 抓；搔　　ceiling〔'silɪŋ〕n. 天花板
　　　　mice〔maɪs〕n. pl. 老鼠【單數為 mouse】
　　　　yuck〔jʌk〕interj. 表示厭惡的聲音

12. ( **C** ) W：I met the cutest boy at school today!　His name is Lloyd, and he's on the football team.

　　　　女：我今天遇到全校最可愛的男生！他名叫羅伊德，是足球隊的。

　　　　M：Yeah, I'm not interested in hearing about your new boyfriend.

　　　　男：耶，我沒興趣聽有關妳新男朋友的事。

　　　　W：He's not my boyfriend!

女：他不是我的男朋友。

M：Yet.

男：遲早吧。

W：Oh, stop! What, are you jealous?

女：噢，停！什麼！你在嫉妒嗎？

M：How can I be jealous? I'm your brother. I just don't care about your love life.

男：我怎麼可能嫉妒？我是你哥哥耶。我只是不在乎妳的感情生活而已。

Question：Who are the speakers? 說話者是誰？

(A) Classmates. 同班同學。

(B) Teammates. 隊友。

(C) Siblings. 兄妹。

* jealous〔'dʒɛləs〕*adj.* 嫉妒的  teammate〔'tim‚met〕*n.* 隊友
  sibling〔'sɪblɪŋ〕*n.* 兄弟姊妹

13. ( **A** ) W：Excuse me, do you know where the science lab is?

女：不好意思，你知道科學實驗室在哪裡嗎？

M：Sure. It's just down the hall.

男：當然，沿著走廊過去就到了。

W：Thanks.

女：謝謝。

M：Are you a new student here?

男：妳是新來的同學嗎？

W：Yes. Today is my first day.

女：是的，今天是我第一天上學。

Question：Where is the new student from?

這位新同學從哪裡來的？

(A) We don't know. 我們不知道。

(B) It's just down the hall. 沿著走廊過去就到了。

(C)　To the science lab.　去科學實驗室。

* science〔'saɪəns〕n. 科學
　lab〔læb〕n. 實驗室　　hall〔hɔl〕n. 走廊

14. ( **C** )　W：Did you manage to get this Saturday night off?
　　　　女：你想到辦法這個週六晚上休息了嗎？
　　　　M：No, my boss denied the request.
　　　　男：沒有，我老闆拒絕了我的請求。
　　　　W：Couldn't you find anyone to cover your shift?
　　　　女：你不能找到別人來幫你代班嗎？
　　　　M：Nobody wants to work Saturday night.
　　　　男：沒有人要在週六晚上工作。
　　　　W：How come you're the one stuck working?
　　　　女：為什麼你就是要工作的那一個呢？
　　　　M：I'm not the only one.  There will be five of us on the
　　　　　　floor.
　　　　男：我不是唯一的一個。我們這層樓有五個人。
　　　　W：Really?  Do that many people go shopping for
　　　　　　electronics on a Saturday night?
　　　　女：真的嗎？有很多人週六晚上要買電子產品嗎？
　　　　M：You'd be surprised how many flat-screen TVs we sell
　　　　　　on a Saturday night.
　　　　男：我們一個週六晚上賣出多少台平面電視，會讓妳驚訝的。
　　　　Question：What will the man do on Saturday night?
　　　　　　　　　這位男士週六晚上要做什麼？

(A)　Attend a party.　參加派對。

(B)　Buy a new television.　買一台新電視。

(C)　Go to work.　去工作。

* manage〔'mænɪdʒ〕v. 設法做到 < to V >
　boss〔bɔs〕n. 老闆　　deny〔dɪ'naɪ〕v. 否認；拒絕
　request〔rɪ'kwɛst〕n. 要求　　cover〔'kʌvə〕v. 掩護；代（班）

shift〔ʃɪft〕*n.* 輪流；輪班　　***how come*** 為什麼

stuck〔stʌk〕*adj.* 受困的　　floor〔flor〕*n.* 樓層

electronics〔ɪˌlɛk'trɑnɪks〕*n.* 電子工程學；電子產品

flat〔flæt〕*adj.* 平的　　screen〔skrin〕*n.* 螢幕

***flat-screen TV*** 平面電視　　attend〔ə'tɛnd〕*v.* 參加

15. ( **B** ) M : You went to see "The Star Creatures", didn't you?

男：妳去看了「星際生物」，是嗎？

W : Yes, I did.  It was great.  You should really see it.

女：是啊，我去看了。很棒，你真的應該去看的。

M : I will see if I can get a ticket this weekend.  It might be sold out.

男：我看看這個週末我是否可以買到票。可能賣完了。

Question : What is "The Star Creatures"?

「星際生物」是什麼？

(A) A book.  一本書。

(B) A movie.  一部電影。

(C) A computer game.  一個電腦遊戲。

* creature〔'kritʃɚ〕*n.* 生物；動物　　***sell out*** 賣完

16. ( **B** ) M : Mom, I want to stay home from school today.  Maybe even forever.

男：媽媽，我今天想待在家不去學校了。也許永遠不去了。

W : Why?  What's wrong?

女：為什麼？有什麼不對嗎？

M : It's so boring.  The work is too easy.  All my classmates are mean and stupid.  It's pointless trying to make friends with them.  I should just show up for tests and study at home.

男：好無聊。功課太簡單了。我的同班同學都很平庸又愚蠢。試著和他們交朋友真是沒有意義。我應該只要在家唸書，考試出現就好了。

Question：What is true about the boy?

有關這個男孩何者正確？

(A) He is getting bullied at school. 他在學校被霸凌。

(B) He doesn't have any friends at school.

　　他在學校沒有朋友。

(C) He can't wait to go to school every morning.

　　他每天早上都等不及要去學校。

* forever〔fə'ɛvə〕adv. 永遠　　boring〔'bɔrɪŋ〕adj. 無聊的

mean〔min〕adj. 平庸的　　stupid〔'stjupɪd〕adj. 愚蠢的

pointless〔'pɔɪntlɪs〕adj. 無意義的　　**show up** 出現

bully〔'bulɪ〕v. 霸凌；欺負　　**can't wait to V** 等不及要～

17. ( **C** ) John's company has decided to send him to work in their office in Germany next year. John wants to learn some German before he goes to live there. His company is paying for some classes for him at a language school. The lessons are once a week. John hopes to learn enough German to understand people when they talk to him.

約翰公司已經決定，明年要派他去德國的分公司工作。約翰想要在去那裡上班之前，先學一點德文。他的公司付費，讓他在一所語言學校裡上一些課程。課程一週一次。約翰希望能學習足夠的德文，在人們和他說話時，能夠聽得懂。

Question：Where is John studying German?

約翰正在哪裡學德文？

(A) At his company. 在他的公司。

(B) At a friend's house. 在一位朋友的家裡。

(C) At a language school. 在一所語言學校。

* Gemany〔'dʒɜmənɪ〕n. 德國　　German〔'dʒɜmən〕n. 德文

18. ( **B** ) W：Is that watermelon?

女：那是西瓜嗎？

M : Yeah.  Do you want some?

男：是啊，妳要吃點嗎？

W : Me?  No!  I'm highly allergic.  Get it away from me.

女：我？不行！我嚴重過敏。把西瓜拿開。

M : Take it easy.  You can't get sick just by watching someone eat it.

男：放輕鬆。妳不可能看著別人吃西瓜也不舒服吧。

W : Yes, I can.  Even the smell makes me throw up.  I could die if I ate any of it.

女：是的，我會。即使是西瓜的味道都會使我嘔吐。我如果吃了可能會死掉。

M : Are you serious?

男：妳是認眞的嗎？

W : Yes.

女：是啊。

M : That's…　I've never heard of such a thing before. Have you always had this reaction to watermelon?

男：那是…我以前從來沒聽過這種事情。妳對西瓜一直都有這種反應嗎？

W : As long as I can remember.

女：從我有記憶以來。

M : Gosh, that's too bad.  You're really missing out.  This stuff is delicious!  I could eat it every day.

男：天啊！那太糟糕了。妳眞的錯過了好東西。西瓜很好吃的！我天天吃都可以。

Question：What might happen if the woman ate the watermelon?

這位女士如果吃了西瓜，會發生什麼事？

(A) She might have a different opinion.

她可能會有不同的意見。

(B) She might get sick and die.

　　她可能會非常不舒服，然後死掉。

(C) She might feel like she was missing something.

　　她可能會感覺好像錯過什麼東西。

* watermelon（ˈwɑtɚ͵mɛlən）n. 西瓜
　highly（ˈhaɪlɪ）adv. 非常地　　allergic（əˈlɝdʒɪk）adj. 過敏的
　*take it easy* 放輕鬆　　smell（smɛl）n. 味道
　*throw up* 嘔吐　　serious（ˈsɪrɪəs）adj. 認真的
　reaction（rɪˈækʃən）n. 反應　　gosh（gɑʃ）interj. 天啊！
　*miss out* 錯過　　stuff（stʌf）n. 東西
　opinion（əˈpɪnjən）n. 意見

19. ( **C** ) W：What's going on over at Peter's house?  There are cops and firefighters all over the place.

女：彼得家發生了什麼事？整個地方都是警察和消防隊員。

M：I have no idea.  I've been reading a book all evening.

男：我不知道。我一整晚都在看書。

W：Didn't you hear the sirens and see all the flashing lights?

女：你沒聽到警笛聲、看到這麼多閃燈嗎？

M：I guess I didn't notice.  Did you see any smoke or flames coming from the house?

男：我想我沒注意到。你有看到煙或火焰從房子裡冒出來嗎？

W：Not at all.  But the paramedics were on the scene, so somebody probably was injured.

女：完全沒有。但是有醫務人員在現場，所以可能有人受傷了。

M：I hope not.  But that reminds me.  We should check the batteries on our smoke detectors.  It's been six months.

男：希望沒有。不過那提醒了我。我們應該查看一下我們煙霧偵測器的電池。已經六個月了。

Question : What has the man been doing all evening?

這位男士整個晚上都在做什麼？

(A) Putting out fires. 滅火。

(B) Watching TV. 看電視。

(C) Reading a book. 看書。

\* cop〔kɑp〕*n.* 警察　　firefighter〔'faɪr,faɪtɚ〕*n.* 消防隊員

siren〔'saɪrən〕*n.* 警笛　　flash〔flæʃ〕*v.* 閃光

notice〔'notɪs〕*v.* 注意　　flame〔flem〕*n.* 火焰

paramedic〔,pærə'mɛdɪk〕*n.* 醫務人員

scene〔sin〕*n.* 景象；現場　　*on the scene* 在現場

injured〔'ɪndʒɚd〕*adj.* 受傷的　　remind〔rɪ'maɪnd〕*v.* 提醒

battery〔'bætərɪ〕*n.* 電池　　detector〔dɪ'tɛktɚ〕*n.* 偵測器

*smoke detector* 煙霧偵測器　　*put out* 熄滅

20. ( **A** ) W : There's a new exhibition of puppets at the museum.

女：博物館裡有一個新的布袋戲偶展覽。

M : I know, I've been meaning to go there. I love Taiwan
puppetry. It's really cool.

男：我知道，我一直很想去。我很喜歡台灣的布袋戲。真的很酷！

W : Well, it just so happens that I have an extra ticket for
Sunday.

女：嗯，我剛好星期天有多一張票喔！

M : I'm in!

男：算我一份！

Question : What does the man mean?

這位男士是什麼意思？

(A) He will use the extra ticket on Sunday.

他星期天要用那個多餘的票。

(B) He will stand outside the museum.

他會站在博物館外面。

(C) He will not attend the exhibition.

　　他不會去那場展覽會。

* exhibition (ˌɛksəˈbɪʃən) *n.* 展覽會
puppet (ˈpʌpɪt) *n.* 木偶；布袋戲偶
museum (mjuˈziəm) *n.* 博物館
puppetry (ˈpʌpɪtrɪ) *n.* 木偶【集合名詞】
extra (ˈɛkstrə) *adj.* 多餘的　　attend (əˈtɛnd) *v.* 參加

21. ( **B** ) M : The soup is too salty.  The bread is crusty.  There's no butter.  What kind of restaurant is this?

　　男：這個湯太鹹了。麵包太硬了。又沒有奶油。這是什麼餐廳啊？

W : Here we go again.  Are you never satisfied?

　　女：又來了！你永遠都不會滿意嗎？

M : Listen, I'm paying hard-earned money to eat here.  I expect better than this.

　　男：聽著，我來這裡吃飯是用我辛苦賺來的錢付的。我期待比這個更好的。

W : We could be dining in a four-star restaurant and you'd find something to complain about.

　　女：我們可能在四星級餐廳裡吃飯，你還是會找到事情抱怨的。

Question:  Where are the speakers?  說話者在哪裡？

(A) In a department store.  在百貨公司。

(B) In a restaurant.  在餐廳。

(C) In the bank.  在銀行。

* salty (ˈsɔltɪ) *adj.* 含鹽的；鹹的
crusty (ˈkrʌstɪ) *adj.* (麵包) 皮硬而厚的
***Here we go (again)!*** (討厭的事情) 又來了！
satisfied (ˈsætɪsˌfaɪd) *adj.* (人) 覺得滿意的
hard-earned (ˈhɑrdˈɝnd) *adj.* 辛苦賺來的
expect (ɪkˈspɛkt) *v.* 期望　　dine (daɪn) *v.* 用餐
complain (kəmˈplen) *v.* 抱怨

## 閱讀測驗 ( 第 1-41 題，共 41 題 )

### 第一部分：單題 ( 第 1-15 題，共 15 題 )

1. ( **B** ) 請看本圖。山姆在<u>城堡</u>前面拍照。

    (A) candle〔ˈkændḷ〕*n.* 蠟燭
    (B) **castle**〔ˈkæsḷ〕*n.* 城堡
    (C) bottle〔ˈbɑtḷ〕*n.* 瓶子
    (D) bakery〔ˈbekərɪ〕*n.* 麵包店
    \* *take a picture* 拍照    *in front of* 在…之前

2. ( **C** ) 在網路上聊天兩年後，他們<u>終於</u>見到彼此本人。
    (A) normally〔ˈnɔrmḷɪ〕*adv.* 正常地；通常
    (B) merely〔ˈmɪrlɪ〕*adv.* 只有；僅僅
    (C) **finally**〔ˈfaɪnḷɪ〕*adv.* 最後；終於
    (D) totally〔ˈtotḷɪ〕*adv.* 完全地
    \* chat〔tʃæt〕*v.* 聊天    online〔ˈɑnˈlaɪn〕*adv.* 在網路上
    **each other** 互相；彼此    **in person** 親自地；本人

3. ( **B** ) 說話<u>有禮貌</u>使會話成為藝術形式。
    (A) surely〔ˈʃʊrlɪ〕*adv.* 確實地
    (B) **politely**〔pəˈlaɪtlɪ〕*adv.* 有禮貌地
    (C) freshly〔ˈfrɛʃlɪ〕*adv.* 新鮮地；新近地
    (D) usefully〔ˈjusfəlɪ〕*adv.* 有用地
    \* conversation〔ˌkɑnvəˈseʃən〕*n.* 會話
    art〔ɑrt〕*n.* 藝術    form〔fɔrm〕*n.* 形式

4. ( **D** ) 我很高興有像你<u>如此</u>忠實的朋友。
    表示「如此忠實的朋友」，單數要用 "***such a*** faithful friend"
    或是 "so faithful <u>a</u> friend"，故本題選 (D)。(C) 為複數形，
    應用 so many faithful friends「這麼多忠實的朋友」。
    \* faithful〔ˈfeθfəl〕*adj.* 忠實的

5. ( **D** )  我和我祖母說話必須很大聲，因爲她的耳朵<u>有點問題</u>。

依句意應是「有點問題」，選 (D) *something wrong*。
anything 用於否定句和疑問句，在此用法不合。

\* loudly〔'laʊdlɪ〕 *adv.* 大聲地

6. ( **A** )  因爲我生長在熱帶國家，我無法<u>忍受</u>這種寒冷的天氣。

(A) *bear*〔bɛr〕 *v.* 忍受
(B) remove〔rɪ'muv〕 *v.* 除去
(C) create〔krɪ'et〕 *v.* 創造
(D) treat〔trit〕 *v.* 對待；治療

\* *grow up* 生長；長大    tropical〔'trɑpɪkl̩〕 *adj.* 熱帶的

7. ( **C** )  在會議裡，他<u>想到</u>一個很棒的主意來解決這個問題。

(A) catch up with  趕上
(B) come in sight  出現    sight〔saɪt〕 *n.* 視線
(C) *come up with*  想出    (D) take part in  參加

\* solve〔sɑlv〕 *v.* 解決

8. ( **B** )  我的弟弟<u>比我</u>小四歲，但他比我高。

junior 意義上是比較級，但不與 than 連用，要用 to，
而介系詞後面應用受詞，故選 (B) *to me*。

\* junior〔'dʒunjɚ〕 *adj.* 較年輕的

9. ( **B** )  請等等我。我還沒有完成我的作業。

finish 後要接動名詞作受詞，選 (B) *doing*。

10. ( **A** )  崔西：你爲什麼一整天都在看這些無聊的電視節目呢？
亨利：<u>我在殺時間</u>！我沒別的事可做。

(A) <u>我在殺時間</u>          (B) 我正在服刑
(C) 我在節省時間          (D) 再做一次

　　* *kill time* 殺時間；消磨時間　　*do time* 服刑
　　*one more time* 再一次

11. ( **C** ) 海蓮娜：羅伯特！請<u>幫個忙</u>抬這個很重的桌子。
　　　羅伯特：你要把桌子放在哪裡？

　　(A) 熱烈鼓掌　　　　　　　(B) 握手
　　(C) <u>幫個忙</u>　　　　　　　(D) 試試你的手

　　* *give a big/good hand* 熱烈鼓掌　　shake〔ʃek〕*v.* 搖動
　　*shake hands* 握手　　*lend/give a hand* 伸出援手；幫忙
　　heavy〔'hɛvɪ〕*adj.* 重的

12. ( **D** ) 鮑伯：今天早上我跑錯洗手間了！我跑到女廁去。妳可以<u>想像</u>
　　　　　我有多尷尬嗎？

　　　小美：我知道你的感覺。

　　(A) thank〔θæŋk〕*v.* 感謝　　(B) notice〔'notɪs〕*v.* 注意
　　(C) hear〔hɪr〕*v.* 聽見
　　(D) *imagine*〔ɪ'mædʒɪn〕*v.* 想像

　　* bathroom〔'bæθ,rum〕*n.* 洗手間　　*ladies's room* 女廁
　　embarrassed〔ɪm'bærəst〕*adj.* 尷尬的

13. ( **C** ) 健身房好擁擠。你知道昨天晚<u>上有</u>多少人嗎？

　　　表示「有」，要用 there + be 動詞，how many 引導名詞
　　　子句，做 know 的受詞，主詞和動詞不必倒裝，而由時間
　　　last night 可知，應用過去式，故選 (C) *there were*。

　　* gym〔dʒɪm〕*n.* 健身房　　crowded〔'kraʊdɪd〕*adj.* 擁擠的

14. ( **A** ) 我的眼鏡壞了。我用這個特殊黏膠<u>再把它們組合回去</u>。

　　(A) *put together* 組合　　(B) give up 放棄
　　(C) put away 收拾　　　　(D) give away 贈送

　　* glasses〔'glæsɪz〕*n. pl.* 眼鏡　　glue〔glu〕*n.* 黏膠

15. ( **C** ) 有些學生在自助餐廳吃午餐，<u>有些沒有</u>。

表示「有些～有些…」，用 some～*others*…，選 (C)。

* cafeteria〔͵kæfə'tɪrɪə〕*n.* 自助餐廳

## 第二部分：題組（第 16-41 題，共 26 題）

### （16～17）

加入我們！寒假就快來了。以下是各種適合學生的冬令營。請選擇一樣你喜歡的。

| 日　期 | 營　隊 | 活　動　內　容 |
| --- | --- | --- |
| 二月<br>1 日～6 日 | 騎　馬　趣 | 學習如何與馬相處，<br>以及如何騎馬 |
| 二月<br>8 日～10 日 | 共　讀　樂 | 欣賞名作家的小說 |
| 二月<br>9 日～14 日 | 大家一起來運動 | 變得苗條、精力充沛<br>又健康 |
| 二月<br>16 日～20 日 | 與植物同樂 | 學習如何在家種植<br>綠色植物 |

【註釋】

join〔dʒɔɪn〕*v.* 加入　　camp〔kæmp〕*n.* 營隊

date〔det〕*n.* 日期　　***get along with*** 與～相處

novel〔'nɑvḷ〕*n.* 小說　　famous〔'feməs〕*adj.* 有名的

slim〔slɪm〕*adj.* 苗條的　　energetic〔͵ɛnɚ'dʒɛtɪk〕*adj.* 精力充沛的

plant〔plænt〕*n.* 植物　　grow〔gro〕*v.* 種植

16. ( **D** ) 如果亞曼達想要參加「大家一起來運動」的冬令營，她可能
有什麼問題？

(A) 她太瘦了。　　　　　　　(B) 她不擅長閱讀。

(C) 她需要練習騎馬。　　　　(D) <u>她太重了。</u>

\* **be bad at** 不擅長　　　practice〔ˋpræktɪs〕*v.* 練習

17. ( **C** ) 有關這四個營隊何者正確？

(A) 在「騎馬趣」裡，你可以學習如何騎機車。

(B) 在「共讀樂」裡，你可以學習如何寫詩。

(C) <u>在「大家一起來運動」裡，你可以用健康的方式變瘦。</u>

(D) 在「與植物同樂」裡，你可以學習如何在家養寵物。

\* scooter〔ˋskutɚ〕*n.* 速克達機車　　　poem〔ˋpo·ɪm〕*n.* 詩

　pet〔pɛt〕*n.* 寵物　　　***keep a pet*** 養寵物

( 18～20 )

> 　西恩納是義大利北方一個古老的城市。2,900 多年前，
> 一群人開始住在這裡的山上。大約到了 1,100 年，西恩納變
> 成義大利重要的商業中心。在 1472 年，全世界第一家銀行
> 在此設立，從那時起一直營業到現在。
>
> 　今日的西恩納以保持「舊風貌」聞名。例如，在過去幫
> 助維護城市安全的城牆，現在已有數百年之久，看起來還和
> 以前幾乎一樣。還有，在「田野廣場」可以看到許多老舊建
> 築，這裡是整座城市最重要的聚集地。在這個公共生活的中
> 心，數百年來很少有事物真正改變。現在，人們還是會來到
> 這個開放的空間，分享消息、購物，或是從事運動。還有一
> 件事情也有助於西恩納維持舊風貌：汽車大部分時間都不能
> 進到這個城市來。

> 的確,西恩納很古老,但是它老得很美。歡迎大家來造
> 訪這個美麗的城市,走入過去。

## 【註釋】

north〔nɔrθ〕n. 北方　　Italy〔ˈɪtḷɪ〕n. 義大利
hill〔hɪl〕n. 山丘　　center〔ˈsɛntɚ〕n. 中心　　*ever since* 從那時起
*be famous for* 因為~而聞名　　past〔pæst〕n. 過去
*in the past* 在過去　　*hundreds of* 數百個
almost〔ˈɔl,most〕adv. 幾乎　　*meeting place* 聚會地
public〔ˈpʌblɪk〕adj. 大眾的　　*open space* 開放的空間
share〔ʃɛr〕v. 分享　　shop〔ʃɑp〕v. 購物

18. ( **C** ) 這篇文章最好的標題為何?

　　(A) 一個被遺忘的老城市　　　(B) 節慶之城

　　(C) 一個活在歷史中的城市　　(D) 愛之城

　　* title〔ˈtaɪtḷ〕n. 標題　　forgotten〔fɚˈgɑtṇ〕adj. 被遺忘的
　　festival〔ˈfɛstəvḷ〕n. 節慶　　history〔ˈhɪstrɪ〕n. 歷史

19. ( **D** ) 從本文中我們可以得知什麼?

　　(A) 義大利用花朵來美化它的城市。

　　(B) 要在西恩納四處走動的好方法之一就是搭車。

　　(C) 建築在西恩納周圍的城牆現在已經不在那裡了。

　　(D) 全世界最古老的銀行在義大利。

　　* *get around* 四處走動

20. ( **A** ) 有關田野廣場何者不正確?

　　(A) 它是一個新的商業中心。

　　(B) 它被保持著幾乎和數世紀前一樣。

　　(C) 它位於西恩納。　　　(D) 它是一個公共空間。

　　* century〔ˈsɛntʃərɪ〕n. 世紀

（21～24）

> 　　鵝的聽覺很好。牠們可以聽到很小的聲響。牠們聽到陌
> 生的聲音會叫得很大聲。在農場上，牠們可以成爲非常好的
> 看門狗。人們有很多和鵝有關的故事，其中一個故事很古老
> 了，但很有趣。大約在西元 390 年時，來自北方的部族南下
> 要進攻羅馬。部族在城牆外面紮營。有一個深夜裡，羅馬城
> 裡的鵝開始大叫，吵醒了城裡的領導人。他看到部族的人正
> 在攀爬城牆。領導人大叫、鵝也大叫、老百姓也在喊叫。最
> 後，羅馬人把敵人驅離城牆。多虧有鵝，城市安全了。

## 【註釋】

geese〔gis〕n. pl. 鵝【單數爲 goose】　　honk〔hɔŋk〕v. 鵝叫
loudly〔'laʊdlɪ〕adv. 大聲地　　make〔mek〕v. 製作；成爲
watchdog〔'wɑtʃ,dɔg〕n. 看門狗　　tribe〔traɪb〕n. 部族
north〔nɔrθ〕n. 北方　　attack〔ə'tæk〕v. 攻擊
Rome〔rom〕n. 羅馬　　camp〔kæmp〕n. 營地
wake〔wek〕v. 吵醒【三態爲：wake-woke-woken】
leader〔'lidɚ〕n. 領導人　　shout〔ʃaʊt〕v. 喊叫；大叫
yell〔jɛl〕v. 喊叫；大叫　　Roman〔'romən〕n. 羅馬人
*drive away* 趕走　　enemy〔'ɛnəmɪ〕n. 敵人
*thanks to* 幸虧有；多虧　　safe〔sef〕adj. 安全的

21.（**A**）本文最好的標題爲何？

(A) 鵝解救羅馬　　　　(B) 羅馬的領導人
(C) 來自北方的部族　　(D) 在城牆之外

22.（**C**）有關鵝何者正確？

(A) 牠們是狗的一種。　　(B) 牠們不能叫得很大聲。
(C) 牠們聽力很好，連很小的聲響都聽得到。
(D) 牠們只生活在羅馬。

23.( **D** ) 下列何者正確？

    (A) 鵝能夠保持安靜，因為牠們的聽力很好。

    (B) 來自北方的部族吵醒了羅馬的領導人。

    (C) 羅馬人這場戰役打輸了。

    (D) <u>羅馬人這場戰役獲勝了。</u>

    * quiet〔'kwaɪət〕*adj.* 安靜的    battle〔'bætḷ〕*n.* 戰役

24.( **A** ) 文中的 "drove...away" 意義為何？

    (A) <u>驅逐。</u>        (B) 合作。

    (C) 愛。           (D) 開車離開。

    * expel〔ɪk'spɛl〕*v.* 驅趕；驅逐
      cooperate〔ko'ɑpə,ret〕*v.* 合作

（25～27）

---

    1977 年 5 月 26 日，喬治・威利格爬上了位於紐約，1,350 英呎高的世貿中心頂樓。他並沒有搭電梯，反之，喬治・威利格像蒼蠅人一樣，從這棟 110 層樓的建築物外面爬上去。他這次攀爬，從早上 6:30 開始，花了三個半小時才結束。

    在頂樓，威利格受到警察和記者的歡迎。有些警察甚至向他索取簽名。然後，他們要抓他入獄，因為他違法，沒有許可而攀爬大樓。此外，市政府計劃向他索取 25 萬美金，來支付出動 80 名員警準備救他的費用。

    然而隔天，令人驚訝且興奮的事情發生在威利格身上。市長畢姆說，紐約市不會處罰「蒼蠅俠」。不過，他還是要罰款，他爬了 110 層樓，每層樓罰一分錢（100 分錢等於一元美金。）更好的是，紐約市把他當成英雄，因為他嘗試不可能的事情，而且做到了。

【註釋】

foot〔fʊt〕*n.* 英呎　　trade〔tred〕*n.* 貿易
center〔'sɛntɚ〕*n.* 中心　　***World Trade Center*** 世貿中心
elevator〔'ɛlə͵vetɚ〕*n.* 電梯　　instead〔ɪn'stɛd〕*adv.* 反之
human〔'hjumən〕*adj.* 人類的　　fly〔flaɪ〕*n.* 蒼蠅
story〔'storɪ〕*n.* 樓層　　reporter〔rɪ'portɚ〕*n.* 記者
autograph〔'ɔtə͵græf〕*n.* 親筆簽名　　jail〔dʒel〕*n.* 監獄
break〔brek〕*v.* 違反　　permit〔'pɝmɪt〕*n.* 許可
quarter〔'kwɔrtɚ〕*n.* 四分之一　　prepare〔prɪ'pɛr〕*v.* 準備
mayor〔'meɚ, mɛr〕*n.* 市長　　punish〔'pʌnɪʃ〕*v.* 處罰
fine〔faɪn〕*v.* 罰款　　penny〔'pɛnɪ〕*n.* 一分錢
floor〔flor〕*n.* 樓層　　dollar〔'dɑlɚ〕*n.* 一元
treat〔trit〕*v.* 對待　　hero〔'hɪro〕*n.* 英雄

25.(**C**) 根據這個故事，喬治・威利格是如何到達頂樓的？

　　(A) 用飛的。　　　　　　(B) 他爬樓梯。

　　(C) 從大樓外面爬上去。　　(D) 他搭電梯。

　　* stair〔stɛr〕*n.* 樓梯

26.(**D**) 喬治・威利格到達紐約的世貿中心頂樓，是在 _____ 。

　　(A) 1977 年 5 月 26 日早上 6:30。

　　(B) 1977 年 5 月 26 日晚上 6:30。

　　(C) 1977 年 5 月 26 日晚上 10:00。

　　(D) 1977 年 5 月 26 日早上 10:00。

27.(**B**) 根據這個故事，何者為眞？

　　(A) 威利格被罰款 25 萬美金。

　　(B) 威利格只被罰款 1.1 美金。

　　(C) 威利格先被送進監獄，然後被索取簽名。

　　(D) 紐約市允許威利格攀爬世貿中心。

　　* permission〔pɚ'mɪʃən〕*n.* 允許

（28～29）

> 　　布萊德‧科恩是美國一位偉大的老師。他有先天性的疾病，稱為「妥瑞氏症」。他緊張時會發出聲音，一直搖頭。在公共場合，例如電影院或餐廳，他發出的聲音通常會使其他人不太舒服。
>
> 　　然而，科恩先生有一個夢想。他對教書很有興趣，他想要成為老師。他很努力想找到一份教職。雖然有時候會覺得很沮喪，但是他從未放棄。最後，他得到一個小學的工作，成為一位很優秀的老師。

【註釋】

sickness〔ˋsɪknɪs〕n. 疾病　　syndrome〔ˋsɪn͵drom〕n. 症候群
**Tourette's syndrome** 妥瑞氏症　　shake〔ʃek〕v. 搖動
nervous〔ˋnɝvəs〕adj. 緊張的　　upset〔ʌpˋsɛt〕adj. 沮喪的
elementary〔͵ɛləˋmɛntərɪ〕adj. 基本的；初等的
**elementary school** 小學　　excellent〔ˋɛkslənt〕adj. 優秀的

28.（**B**）有關科恩先生何者正確？

　　(A) 他在疲倦時會發出聲音。　　(B) <u>他夢想成為老師。</u>
　　(C) 他找到一份戲院的工作。
　　(D) 他一點都不喜歡他的工作。

29.（**C**）為什麼布萊德‧科恩在緊張時會一直搖頭？

　　(A) 他想要使其他人覺得不舒服。
　　(B) 他討厭待在公共場所。　　(C) <u>他有先天的妥瑞氏症。</u>
　　(D) 他希望成為一位優秀的小學老師。

（30～33）

| | |
|---|---|
| **職缺**<br><br>市立圖書館的圖書館員<br><br>無經驗可<br><br>有在職訓練<br><br>請電琳達：3633-223 | **徵才**<br><br>廚師<br><br>兩年經驗<br><br>櫻花日本料理<br><br>請電：0930-778-541 |
| **立即上班**<br><br>急徵五位有經驗的<br><br>女服務生<br><br>假日美式餐廳<br><br>洽：andy@yahoo.com.tw | **徵才**<br><br>櫃臺人員<br><br>英語、法語流利<br><br>皇家飯店，五月街150號<br><br>洽：irene@hotmail.com |

【註釋】

opening〔ˈopənɪŋ〕*n.*（工作）空缺
wanted〔ˈwɑntɪd〕*adj.* 徵求…的
librarian〔laɪˈbrɛrɪən〕*n.* 圖書館員　　training〔ˈtrenɪŋ〕*n.* 訓練
***on-the-job training*** 在職訓練　　cuisine〔kwɪˈzin〕*n.* 料理
immediate〔ɪˈmidɪɪt〕*adj.* 立即的
experienced〔ɪkˈspɪrɪənst〕*adj.* 有經驗的
waitress〔ˈwetrɪs〕*n.* 女服務生　　clerk〔klɝk〕*n.* 職員；辦事員
royal〔ˈrɔɪəl〕*adj.* 皇家的

30.（ **D** ）喬伊絲的哥哥會說好幾種外國語。他應該做下列哪一項工作？

    (A) 圖書館員。　　　　(B) 廚師。

    (C) 女服務生。　　　　(D) 櫃臺人員。

32.( **C** ) 莫妮卡有兩年餐廳的工作經驗。她應該做下列哪一項工作?

        (A) 圖書館員。         (B) 廚師。

        (C) <u>女服務生。</u>         (D) 櫃臺人員。

32.( **A** ) 吉米喜歡閱讀,但他沒有工作經驗。他應該做下列哪一項工作?

        (A) <u>圖書館員。</u>         (B) 廚師。

        (C) 女服務生。         (D) 櫃臺人員。

33.( **B** ) 如果喬對日本餐廳的工作有興趣,他要如何應徵?

        (A) 撥打 3633-223 給琳達。

        (B) <u>撥打 0930-778-541。</u>

        (C) 把履歷寄到 andy@yahoo.com.tw。

        (D) 寄電子郵件給 irene@hotmail.com。

        * apply〔əˋplaɪ〕v. 申請;應徵     resumé〔͵rɛzʊˋme〕n. 履歷

( 34～37 )

> 樂菲:你看起來很興奮。發生了什麼事?
>
> 珊蒂:我下週要和我的老朋友娜咪見面。
>
> 樂菲:娜咪?自從她搬到紐約,妳就<u>沒有她的音訊</u>了。
>                        34        34
>
> 珊蒂:我<u>一直在找她</u>,終於在兩星期前找到她。昨天,我去
>           35
>
>       看她的臉書,在上面留了訊息。
>
> 樂菲:臉書?那是什麼?
>
> 珊蒂:那是一個網站,很<u>受</u>年輕人<u>的歡迎</u>。有了它,你可以
>                        36         36
>
>       很容易找到老朋友。

樂菲：聽起來很棒！

珊蒂：還有，你可以寫部落格，寄郵件，也可以在上面分享
　　　照片或影片。

樂菲：<u>我等不及要試試看了</u>！
　　　37

【註釋】

excited〔ɪk'saɪtɪd〕adj. 興奮的　　　page〔pedʒ〕n. 一頁；網頁
message〔'mɛsɪdʒ〕n. 訊息　　website〔'wɛb,saɪt〕n. 網站
blog〔blɑg〕n. 部落格　　share〔ʃɛr〕v. 分享
video〔'vɪdɪ,o〕n. 影片

34. ( **B** ) hear from sb. 得到某人的音信，依句意，自從她搬到美國，
　　　　　就「沒有她的音訊」，由 since 子句判定，空格應用完成式，
　　　　　選 (B) **haven't heard from**。hear of 表「聽說；聽聞」，
　　　　　句意不合。

35. ( **A** ) 依句意，「一直在找」選 (A) **kept looking for**，keep 後接
　　　　　V-ing，表「一直做某事」，look for 尋找。
　　　　　* **look after** 照顧　　**look at** 看著　　**look up** 查閱

36. ( **B** ) 空格引導形容詞子句，形容先行詞 website，先行詞為
　　　　　「非人」，關代要用 which 或 that，另外，依句意，應
　　　　　選 (B) **which is popular with**「受～歡迎」。

37. ( **B** ) (A) 我覺得好無聊　　　　(B) <u>我等不及要試試看了</u>
　　　　　(C) 我不可以使用　　　　(D) 我正在等你

（38～41）

　　　　住在一棟由冰製成的房子裡有可能嗎？睡在冰做的床上感覺如何呢？北方飯店就是這個神奇的地方，它將來自世界各地的人帶到這裡，在寒冷中好好地玩。在這裡，你可以在冰桌上
　　　　　　　　　　　38
吃晚餐，坐在冰椅上看電影，甚至可以在很大的冰桶裡洗澡。擔心感冒嗎？你不必。北方飯店會使你溫暖，讓你一直覺得很
　　　　　　　39　　　　　　　　　　　　　40
舒服。你可以在這個夢境裡住上幾天，享受在雪地裡許多特別的經驗。要告訴你有關北方飯店的一切並不容易；你必須自己來看看。現在就收拾行囊，準備來酷涼一下吧！
41

【註釋】
*be made of* 由～製成　　like〔laɪk〕*prep.* 像
north〔nɔrθ〕*n.* 北方　　magical〔'mædʒɪkḷ〕*adj.* 魔術般的；神奇的
bath〔bæθ〕*n.* 洗澡　　worried〔'wɝɪd〕*adj.* 擔心的
*catch a cold* 感冒　　dreamland〔'drim‚lænd〕*n.* 夢境
pack〔pæk〕*v.* 打包；收拾　　cool〔kul〕*adj.* 涼爽的；酷的

38.（**A**）(A) 好好地玩　　　　　　(B) 開始新生活
　　　　　(C) 做一些運動　　　　　(D) 學習交朋友

39.（**B**）(A) 好主意　　　　　　　(B) 你不必
　　　　　(C) 照顧自己　　　　　　(D) 不要忘記厚外套

40.（**C**）(A) 然後　　(B) 在未來　　(C) 一直　　(D) 你的餘生

41.（**B**）(A) 仔細考慮　　　　　　(B) 自己來看看
　　　　　(C) 先查看天氣　　　　　(D) 等著看會發生什麼事
　　　　＊*think about* 考慮　　*check out* 查看
　　　　*wait and see* 等著看；等著瞧

# TEST 4　詳解

## 聽力測驗（第 1-21 題，共 21 題）

第一部分：辨識句意（第 1-3 題，共 3 題）

1. ( **C** ) (A)　　　　　　(B)　　　　　　(C)

There is a cat sitting beside the chair.　一隻貓坐在椅子旁邊。

*beside〔bɪˋsaɪd〕prep. 在～旁邊

2. ( **C** ) (A)　　　　　　(B)　　　　　　(C)

Jenny is doing her homework right now.

珍妮現在正在寫作業。

* *right now* 現在

3. ( **C** ) (A)　　　　　　(B)　　　　　　(C)

Jack practices the violin every morning.

傑克每天早上練習小提琴。

* violin〔,vaɪə'lɪn〕*n.* 小提琴

## 第二部分：基本問答（第 4-10 題，共 7 題）

4. ( **A** ) This is a challenging job.　Who wants it?

這是個很有挑戰性的工作。誰要做？

(A) I'll take it.　我來做。

(B) It's a good idea.　好主意。

(C) You bet!　當然！

* challenging〔'tʃælɪndʒɪŋ〕*adj.* 有挑戰性的
bet〔bɛt〕*v.* 打賭　***You bet!*** 當然！

5. ( **A** ) I did great on the entrance exam.　Now I can go to the top high school.

我入學考試考得很好。現在我可以上第一志願的高中了。

(A) Good for you.　You earned it.　太好了。你當之無愧。

(B) You will take the test tomorrow.　Good luck.

你明天要考試。祝你好運。

(C) Take a break.　You need to rest.

休息一下。你需要休息。

* entrance〔'ɛntrəns〕*n.* 入口；入學　***entrance exam*** 入學考試
top〔tɑp〕*adj.* 最高的　　earn〔ɜn〕*v.* 賺得；贏得；值得
luck〔lʌk〕*n.* 運氣　　***take a break*** 休息一下

6. ( **C** ) I've been looking for a chance to discuss our homework with you.　我一直在找機會和你討論一下我們的作業。

(A) Thank you.　Then it's settled.　謝謝。那麼就解決了。

(B) That's fine.　I'll see you off.　沒關係，我會去送你。

(C) So have I.  Let's meet at seven o'clock tonight.
<u>我也是。我們今天晚上七點鐘碰面吧。</u>

* ***look for*** 尋找　　chance〔tʃæns〕*n.* 機會
discuss〔dɪ'skʌs〕*v.* 討論　　settle〔'sɛtl〕*v.* 解決
***see sb. off*** 為某人送別

7. ( **A** ) So you just arrived yesterday.  You must be tired.  How
did you come?
所以你昨天剛到。你一定很累了吧。你怎麼來的？

(A) By plane. <u>搭飛機。</u>

(B) Yesterday. 昨天。

(C) I'm not really tired.  我其實不太累。

8. ( **B** ) I wonder if I can come around to see your apartment for
rent.  不知道我可不可以過來看看你要出租的公寓？

(A) Sure.  What would you like to do?
當然。你想要做什麼？

(B) Sure.  Your name, please. <u>當然。請教你的大名。</u>

(C) Sure.  That's it.  當然。就這樣。

* ***come around*** 過來　　apartment〔ə'pɑrtmənt〕*n.* 公寓
***for rent*** 出租

9. ( **C** ) You're looking very well.  你看起來氣色很好。

(A) I think so.  我是這麼認為的。

(B) Nothing in particular.  沒有什麼特別的。

(C) Thank you. <u>謝謝。</u>

* ***in particular*** 特別地

10. ( **A** ) You've been awfully quiet lately.  Is something wrong?
你近來非常安靜喔。有什麼事情嗎？

(A) I hate to admit it, but you are right.
   我不想承認，但你說對了。

(B) Let me think awhile. 讓我想一想。

(C) Do you know it by heart? 你把它記在心裡嗎？

* awfully〔'ɔflɪ〕adv. 很；非常地　　quiet〔'kwaɪət〕adj. 安靜的
  lately〔'letlɪ〕adv. 近來　　hate〔het〕v. 不喜歡；不願意
  admit〔əd'mɪt〕v. 承認　　awhile〔ə'hwaɪl〕adv. 一會兒
  **by heart** 憑記憶　　**know by heart** 記在心裡

## 第三部分：言談理解（第 11-21 題，共 11 題）

11. ( **B** ) W：What did the dentist say?
   女：牙醫說什麼？

   M：Billy has no cavities this time. The dentist says he's
   taking good care of his teeth.

   男：比利這次沒有蛀牙。牙醫說，他牙齒照顧得很好。

   W：Oh, that's a relief. I was worried that he was too
   young to do it well.

   女：噢，那我就安心了。我本來擔心他年紀太小做不好。

   Question：Who did the dentist examine?

   　　　　　牙醫替誰做檢查？

   (A) The woman. 這位女士。

   (B) The woman's son. 女士的兒子。

   (C) The woman's father. 女士的父親。

   * dentist〔'dɛntɪst〕n. 牙醫　　cavity〔'kævətɪ〕n. 蛀牙
     relief〔rɪ'lif〕n. 放心；安心　　examine〔ɪg'zæmɪn〕v. 檢查

12. ( **C** ) M：Have you ever taken a train in the United States?

   男：妳在美國曾經搭過火車嗎？

   W：Never. I usually drive, but sometimes I fly.

女：從來沒有。我通常開車，不過偶爾也搭飛機。

M：Isn't that expensive?

男：那不是很貴嗎？

W：Taking the train is expensive, too.

女：搭火車也很貴。

Question：What is true about the woman when she is in the United States?

有關這位女士在美國時，何者正確？

(A) She usually drives, but she sometimes takes a train.

她通常開車，不過偶爾會搭火車。

(B) She often takes a plane because flying is cheap.

她經常搭飛機，因為搭飛機很便宜。

(C) She often drives and never takes a train.

她經常開車，從來沒搭過火車。

13. ( **A** ) W：Please take your seats. Open your books to Lesson 14 and let's begin.

女：請坐下。翻開你們的書到第 14 課。我們開始吧。

M：Ms. Chen, can't we do some interesting activity instead of repeating the same vocabulary words over and over?

男：陳老師，我們不能做一些有趣的活動，不要一再地重複相同的單字嗎？

W：No, because what you're being tested for is your ability to memorize as many words as possible. If you do poorly on the test, I'm out of a job.

女：不行，因為你們要被測試的，就是盡量多背單字的能力。如果你們考試考不好，我就會失業了。

Question : Where are they? 他們在哪裡？

(A) In a cram school. 在補習班。

(B) In a shoe store. 在鞋店。

(C) In a hospital. 在醫院。

* *take a seat* 坐下　　activity〔æk'tɪvətɪ〕*n.* 活動
*instead of* 而非　　repeat〔rɪ'pit〕*v.* 重複
vocabulary〔və'kæbjə,lɛrɪ〕*n.* 字彙
*over and over* 一再地　　ability〔ə'bɪlətɪ〕*n.* 能力
memorize〔'mɛmə,raɪz〕*v.* 背誦；記憶
*as ~ as possible* 儘可能地~
*do poorly on a test* 考試考不好　　*out of a job* 失業
cram〔kræm〕*v.* 填塞　　*cram school* 補習班

14. ( **A** ) W : Oh-oh. I just chipped your plate.

女：哎呀，我剛剛把你的盤子弄缺了一角。

M : Oh, don't worry about it. It's really old. A lot of the plates are chipped or cracked.

男：哦，別擔心。盤子很舊了。這裡很多盤子都缺角或龜裂了。

W : Um. Maybe it's time you invested in a new set of dishes.

女：嗯，也許你該投資一組新盤子了。

Question : What does the woman suggest?

這位女士建議什麼？

(A) Buying new plates. 買新盤子。

(B) Saving some money. 存一點錢；省一點錢。

(C) Making some repairs. 做一些修補。

* chip〔tʃɪp〕*v.* 弄缺　　plate〔plet〕*n.* 盤子
crack〔kræk〕*v.* 使龜裂　　invest〔ɪn'vɛst〕*v.* 投資
set〔sɛt〕*n.* 一組　　suggest〔sə'dʒɛst〕*v.* 建議
save〔sev〕*v.* 儲存；節省　　repair〔rɪ'pɛr〕*n.* 修補

15. ( **C** ) M : Why is this vase so expensive?

男：這個花瓶為什麼這麼貴？

W : It is very old.

女：因為歷史很悠久了。

M : It's beautiful, but I don't have enough money. Can you give me a discount?

男：花瓶很美，但是我的錢不夠。妳可以給我打折嗎？

W : No, I'm sorry, but I can't.

女：不行，很抱歉我不行。

Question : Why does the man ask for a discount?

這位男士為什麼要求打折？

(A) The vase is too old. 這個花瓶太舊了。

(B) The vase is not very pretty. 這個花瓶沒有很漂亮。

(C) The vase costs a lot of money. 這個花瓶值很多錢。

\* vase〔ves〕*n.* 花瓶　　discount〔'dɪskaʊnt〕*n.* 折扣

　pretty〔'prɪtɪ〕*adj.* 漂亮的

16. ( **B** ) W : I'm here to pick up Fluffy.

女：我來接毛毛。

M : Here she is, all washed and groomed.

男：她在這，澡洗好了，毛也梳好了。

W : Thank you. She looks much better than when I dropped her off.

女：謝謝。她看起來比我把她放在這裡時好多了。

Question : What might Fluffy be?

毛毛可能是什麼？

(A) The woman's car. 這位女士的車。

(B) The woman's dog. 這位女士的狗。

(C) The woman's son. 這位女士的兒子。

* **pick up** 搭載；接　fluffy﹝ˈflʌfɪ﹞ *adj.* 絨毛的；蓬鬆的
groom﹝grum﹞ *v.* 梳毛　**drop off** 放下；丟下

17. ( **C** ) M：Would you care for any wine with your dinner?

男：您的晚餐想要喝點葡萄酒嗎？

W：Yes, but I'm not sure what to order.

女：是的，不過我還不確定要點什麼。

M：I can make a few recommendations if you like.

男：如果您喜歡的話，我可以推薦一些。

Question：What is the man? 這位男士是做什麼的？

(A) A wine salesperson. 葡萄酒銷售員。

(B) The woman's dinner companion.

和這位女士共進晚餐的同伴。

(C) A server. 服務生。

* **care for** 想要　　wine﹝waɪn﹞ *n.* 葡萄酒
order﹝ˈɔrdɚ﹞ *v.* 點餐
recommendation﹝ˌrɛkəmɛnˈdeʃən﹞ *n.* 推薦
salesperson﹝ˈselzˌpɝsn̩﹞ *n.* 售貨員
companion﹝kəmˈpænjən﹞ *n.* 同伴　server﹝ˈsɝvɚ﹞ *n.* 服務生

18. ( **C** ) W：Did you find a new apartment?

女：你找到新公寓了嗎？

M：Not yet.  I've been searching the Internet for a week.

男：還沒有。我已經上網找了一星期了。

W：Have you tried contacting an agent?

女：你沒有試過聯絡仲介嗎？

M：Yes, but still no luck.

男：有啊，但運氣還是不好。

Question : What is the man looking for?

這位男士在找什麼？

(A) An agent. 房屋仲介。

(B) An operator. 接線生。

(C) An apartment. 公寓。

\* contact〔ˈkɑntækt〕*v.* 聯絡　　agent〔ˈedʒənt〕*n.* 代理人；仲介

operator〔ˈɑpəˌretə〕*n.* 接線生

19. ( **B** ) M : We are going to have a guest speaker at school today.

男：我們今天學校裡會有一位受邀來演講的人。

W : Who is it?

女：是誰？

M : A famous graduate.

男：一位有名的畢業生。

W : Really? Is he a singer or an actor?

女：真的嗎？是歌手還是演員？

M : No, he is a successful businessman.

男：不是，他是一位成功的商人。

Question : What is true about the guest speaker?

有關這位受邀來演講的人何者正確？

(A) He will sing for the school. 他會在學校裡演唱。

(B) He is a former student of the school.

他是學校以前的學生。

(C) No one has heard of him before. 沒有人以前聽說過他。

\* guest〔gɛst〕*n.* 客人　*adj.* 賓客的；被邀請的

graduate〔ˈgrædʒuɪt〕*n.* 畢業生　　actor〔ˈæktə〕*n.* 演員

businessman〔ˈbɪznɪsˌmæn〕*n.* 商人

former〔ˈfɔrmə〕*adj.* 以前的

20. ( **B** )  W : OK, close your books.  It's time for a pop quiz.

女：好了，把書合起來。要臨時小考了。

M : But Ms. Zhao, you said we wouldn't be taking any quizzes this week!.

男：但是趙小姐，您說過我們這星期不必考小考的啊！

W : No, I said you wouldn't be taking any tests this week. This is a short quiz.  Five questions.  Now take out a pen and paper and get ready to write.  First question…

女：不用，我說過你們這星期不必考試。這個小考很短，五個問題。現在把紙筆拿出來，準備開始寫。第一題…

Question : Who is Ms. Zhao?  趙小姐是誰？

(A) She's a doctor.  她是醫生。

(B) She's a teacher.  她是老師。

(C) She's a secretary.  她是秘書。

\* pop〔pɑp〕*n.* 砰的聲音　quiz〔kwɪz〕*n.* 小考
　***pop quiz*** 臨時小考　secretary〔'sɛkrə,tɛrɪ〕*n.* 秘書

21. ( **C** )  M : Look at me.  I'm soaking wet.

男：你看我，我都濕透了。

W : Me too.  It's terrible outside, isn't it?

女：我也是。外面天氣很糟，不是嗎？

Question : What is the weather like now?  現在天氣怎樣？

(A) Sunny.  很晴朗。

(B) Windy.  風很大。

(C) Rainy.  下雨。

\* soak〔sok〕*v.* 浸泡　***soaking wet*** 濕透了
　terrible〔'tɛrəbḷ〕*adj.* 糟糕的　sunny〔'sʌnɪ〕*adj.* 晴朗的
　windy〔'wɪndɪ〕*adj.* 多風的

# 閱讀測驗（第 1-41 題，共 41 題）

## 第一部分：單題（第 1-15 題，共 15 題）

1. ( **C** ) 請看這張圖。這隻狗正在做什麼？

   (A) 在水裡玩。

   (B) 做狗屋。

   (C) 挖洞。

   (D) 接飛盤。

   * doghouse〔'dɔg,haʊs〕*n.* 狗屋　　dig〔dɪg〕*v.* 挖
   hole〔hol〕*n.* 洞　　Frisbee〔'frɪzbi〕*n.* 飛盤

2. ( **D** ) 連接到網路上，你就可以搜尋你想要的任何資訊。

   (A) imagine〔ɪ'mædʒɪn〕*v.* 想像

   (B) move〔muv〕*v.* 移動

   (C) differ〔'dɪfə〕*v.* 不同

   (D) *link*〔lɪŋk〕*v.* 連接　　*link up to* 連接到…

   * search〔sɝtʃ〕*v.* 尋找　　information〔,ɪnfə'meʃən〕*n.* 資訊

3. ( **B** ) 如果你要買那場電影的票，你必須排隊等候。

   * *wait in line* 排隊等候

4. ( **D** ) 我應該做什麼來改善我的語言能力呢？

   (A) continue〔kən'tɪnju〕*v.* 繼續

   (B) import〔ɪm'port〕*v.* 進口；輸入

   (C) criticize〔'krɪtə,saɪz〕*v.* 批評

   (D) *improve*〔ɪm'pruv〕*v.* 改善

   * ability〔ə'bɪlətɪ〕*n.* 能力

5. ( **B** ) 去野餐時，我們通常在坐地上前先鋪一塊布。

(A) speed〔spid〕*n.* 速度　*v.* 加速

(B) ***spread***〔sprɛd〕*v.* 展開；鋪展

(C) weed〔wid〕*n.* 雜草　*v.* 除草

(D) wipe〔waɪp〕*v.* 擦拭；擦掉

\* picnic〔'pɪknɪk〕*v.* 野餐【現在分詞為 picnicking，
過去式和過去分詞為 picnicked】　***go picnicking*** 去野餐
cloth〔klɔθ〕*n.* 布　　ground〔graʊnd〕*n.* 地面

6. (**B**) <u>因為她的音樂天分</u>，她成為全世界最有名的流行歌手之一。

because of 和 thanks to 都表「因為」之意，都是介系詞
片語，要接名詞作受詞，because 則接子句，故本題
選 (B) ***because of her musical talent***。

\* pop〔pɑp〕*adj.* 流行的　　***pop singer*** 歌手
musical〔'mjuzɪkl̩〕*adj.* 音樂的　　talent〔'tælənt〕*n.* 天分

7. (**B**) 發現我這學期數學和英文都<u>考不及格</u>時，我的父母氣瘋了。

(A) pass〔pæs〕*v.* 通過

(B) ***fail***〔fel〕*v.* 沒通過；考不及格

(C) doubt〔daʊt〕*v., n.* 懷疑

(D) admit〔əd'mɪt〕*v.* 承認

\* mad〔mæd〕*adj.* 氣瘋的　　***find out*** 發現
semester〔sə'mɛstɚ〕*n.* 學期

8. (**C**) 史黛拉通過了全民英檢初試，這讓她的父母非常以她為榮。

先行詞為整件事情，關代用 ***which***，故選 (C)。

\* elementary〔ˌɛlə'mɛntərɪ〕*adj.* 基本的；初級的
***GEPT*** 全民英語檢定測驗
proud〔praʊd〕*adj.* 引以為傲的；以～為榮的

9. (**A**) 有時有錢人會<u>輕視</u>沒有很多錢的人。

(A) *look down on* 輕視；瞧不起

(B) look forward to 期待

(C) see through 看透　　　(D) see into 看穿；調查

10. ( **D** ) 對許多外國人而言，在小吃攤上吃東西是個特別的經驗。

空格為動名詞當主詞，選 (D) *eating*。

* stand〔stænd〕*n.* 攤子

11. ( **D** ) 從這場意外我學到了一個教訓：騎機車不要騎太快！

(A) class〔klæs〕*n.* 班級

(B) dialogue〔'daɪəˌlɔg〕*n.* 對話

(C) tape〔tep〕*n.* 膠帶；錄音帶

(D) *lesson*〔'lɛsn̩〕*n.* 課；教訓

* accident〔'æksədənt〕*n.* 意外

　motorcycle〔'motɚˌsaɪkl̩〕*n.* 機車

12. ( **C** ) 海倫：媽媽，彼得和我今晚可以去看電影嗎？

媽媽：可以啊，只要妳在 11 點以前回來。

彼得：強森太太，我 10 點 30 分會載海倫回來。

(A) hurry up 趕快　　　(B) cheer up 振作點

(C) *go ahead* 請便；去吧　(D) no way 不可能

* *as long as* 只要

13. ( **D** ) A: 你沒有參加去年的新年倒數派對真是太可惜了。

B: 沒關係！我並沒有非常喜歡那種擁擠的場合。

(A) 這是我的光榮　　　(B) 我恐怕

(C) 這是非常好的經驗　(D) 真是太可惜了

* countdown〔'kauntˌdaun〕*n.* 倒數計時

　*be big on* 非常喜歡　　crowded〔'kraudɪd〕*adj.* 擁擠的

　event〔ɪ'vɛnt〕*n.* 事件；活動　　honor〔'ɑnɚ〕*n.* 榮耀

14. ( **C** ) 當他明天早上<u>來</u>的時候，請把這封信交給他。

表「時間」的副詞子句中，要用現在式代替未來式，
故選 (C) **comes**。

15. ( **A** ) 我問我朋友他是<u>否</u>能夠載我回家。

依句意選 (A) **whether**，和句尾的 or not 連用，表「是否」。

## 第二部分：題組（第 16-41 題，共 26 題）

（16～18）

---

　　很久以前，中國一個城市決定，他們的領袖要根據生肖選出來。鼠年沒有被選中。許多住在那裡的人擔心，即使他們努力工作、也有良好的教育，他們的未來還是會視他們出生的年份來決定。為了要成功，人們開始說謊，為他們的孩子把出生年份改成狗年。那是該城市決定出來的領袖最好的生肖。有一位父親認為這個制度不公平，他主張他的兒子出生在雞年，會是更好的領袖。為了決定這點，城市主辦了一場真正的公雞和狗的比賽。在爭鬥中狗殺死了公雞，所以城市告訴這位父親，只有出生在狗年的人才能成為領袖。

---

### 【註釋】

decide〔dɪˋsaɪd〕v. 決定　　leader〔ˋlidɚ〕n. 領袖
choose〔tʃuz〕v. 選擇【三態變化為：choose-chose-chosen】
**based on** 根據　　sign〔saɪn〕n. 符號；跡象　　**animal sign** 生肖
rat〔ræt〕n. 老鼠　　worried〔ˋwɝɪd〕adj. 擔心的
**even though** 即使　　education〔ˌɛdʒəˋkeʃən〕n. 教育
future〔ˋfjutʃɚ〕n. 未來　　successful〔səkˋsɛsfəl〕adj. 成功的

lie〔laɪ〕*v.* 說謊　　birth〔bɝθ〕*n.* 出生　　lead〔lid〕*v.* 領導
believe〔bəˊliv〕*v.* 相信；認為　　system〔ˊsɪstəm〕*n.* 系統；制度
fair〔fɛr〕*adj.* 公平的　　argue〔ˊɑrgju〕*v.* 爭辯；主張
rooster〔ˊrustɚ〕*n.* 公雞　　***put on*** 主辦
contest〔ˊkɑntɛst〕*n.* 比賽　　fight〔faɪt〕*n.* 打鬥；爭鬥

16. ( **C** ) 城市領袖都應該出生在 _____ 。

　　(A) 鼠年。　　(B) 雞年。　　(C) <u>狗年。</u>　　(D) 猴年。

17. ( **D** ) 這個城市如何決定雞年出生的這個兒子可以當領袖？

　　(A) 他們數他的腿。　　　　(B) 他們要他吠叫。

　　(C) 他們讓他和狗打架。　　(D) <u>他們主辦一場比賽。</u>

　　* count〔kaunt〕*v.* 數　　bark〔bark〕*v.* 吠叫

18. ( **A** ) 在這個城市決定領袖要根據生肖選出來之後，人們做了什麼？

　　(A) <u>他們說謊。</u>　　　　(B) 他們得到更好的教育。

　　(C) 他們變成公雞。　　　　(D) 他們主辦了一場比賽。

**( 19～21 )**

　　　　我的表哥傑瑞，非常喜歡昆蟲和小動物。上週末，我的舅舅，傑瑞的爸爸，帶我們去公園。我們看到很多美麗的蝴蝶飛來飛去。傑瑞抓了兩隻，放在瓶子裡。然後我們看到很多蝌蚪在池塘裡游著。傑瑞告訴我那些是青蛙寶寶。他抓了很多隻，放在另一個瓶子裡。他對此非常興奮。當舅舅看到瓶子時，他很生氣，要我們放掉那些蝴蝶和蝌蚪。他說如果我們把它們養在瓶子裡，會害死它們的。我們不想害死它們，所以立刻把它們放掉了。從那時起，我們再也沒有抓過昆蟲和小動物了。

## 【註釋】

cousin〔'kʌzn̩〕*n.* 堂（表）兄弟姊妹
insect〔'ɪnsɛkt〕*n.* 昆蟲　　butterfly〔'bʌtə,flaɪ〕*n.* 蝴蝶
bottle〔'bɑtl̩〕*n.* 瓶子　　tadpole〔'tæd,pol〕*n.* 蝌蚪
pond〔pɑnd〕*n.* 池塘　　frog〔frɑg〕*n.* 青蛙
excited〔ɪk'saɪtɪd〕*adj.* 興奮的　　***right away*** 立刻

19.（**C**）誰帶傑瑞和他的表弟去公園？

　　(A) 他們的爺爺。　　　　(B) 老師。

　　(C) 傑瑞的爸爸。　　　　(D) 他們的姊姊。

20.（**C**）傑瑞在公園裡抓到了什麼？

　　(A) 沒有。　　　　　　　(B) 瓶子。

　　(C) 兩隻蝴蝶和幾隻蝌蚪。　(D) 很多青蛙。

21.（**B**）何者為正確？

　　(A) 傑瑞的爸爸很高興抓到蝴蝶。

　　(B) 傑瑞最後把蝴蝶放走了。

　　(C) 蝌蚪是蝴蝶寶寶。

　　(D) 傑瑞抓了那些昆蟲，因為要殺死它們。

（22～23）

你有聽說過快閃族嗎？快閃族在網路上彼此聯繫，一起做有趣的事情。做計劃的領導人，會告訴群組裡面的每個人，在哪裡碰面以及要做什麼事情。他們通常會穿同樣顏色的衣服，出現在公共場合，如火車站，做一些不尋常的事情。快閃族在一個地方只會停留幾秒鐘，然後就離開。

加入快閃族這個方式，讓網路上遇見的人，能夠做一些有創意的事，同時也彼此認識。有些人覺得快閃族很令人討厭，但是群組裡大部分的人只是試試看，好玩而已。

【註釋】

flash〔flæʃ〕*n.* 閃爍；閃光　　mob〔mɑb〕*n.* 暴民；群集的民眾
***flash mob*** 快閃族　　***get in touch with*** 與～聯絡
***show up*** 出現　　public〔'pʌblɪk〕*adj.* 公開的；公共的
unusual〔ʌn'juʒʊəl〕*adj.* 不尋常的　　second〔'sɛkənd〕*n.* 秒
join〔dʒɔɪn〕*v.* 加入　　creative〔krɪ'etɪv〕*adj.* 有創意的
annoying〔ə'nɔɪɪŋ〕*adj.* 令人討厭的；煩人的

22.( **B** ) 快閃族<u>不會</u>出現在哪裡？

(A) 在公車總站。　　(B) <u>在某人的浴室裡。</u>
(C) 在台北 101。　　(D) 在電影院前面。

23.( **A** ) 何者正確？

(A) <u>快閃族要讓其他人知道他們在做什麼。</u>
(B) 快閃族對每個人來說都是有趣的。
(C) 快閃族出現，一件事情會做好幾個小時。
(D) 快閃族在碰面一起做某事之前，不會做計劃。

( 24～25 )

研究顯示，越來越多學生在國中時就談戀愛。國中生可以談戀愛嗎？這是個古老且充滿爭議的議題。我們詢問了四百位國中生他們是否可以談戀愛。結果如下：

| 我同意國中生可以談戀愛，因為… | 我不同意國中生可以談戀愛，因為… |
|---|---|
| ◎ 這是好的學習經驗。 20%<br>◎ 我不是小孩了。這是我的權利。 17%<br>◎ 學校生活太無聊了。 6%<br>◎ 談戀愛可以打發時間。 2%<br>◎ 我對愛情很好奇。 2% | ◎ 用功讀書是我們現在應該在意的事。 25%<br>◎ 談戀愛浪費時間。 16%<br>◎ 我年紀不夠大，還不能做這個決定。 12% |

【註釋】

study〔ˋstʌdɪ〕*n.* 研究　　***fall in love*** 墜入愛河；戀愛
***age old*** 古老的　　controversial〔͵kɑntrəˋvɝʃəl〕*adj.* 有爭議性的
issue〔ˋɪʃu〕*n.* 議題　　result〔rɪˋzʌlt〕*n.* 結果
agree〔əˋgri〕*v.* 同意　　right〔raɪt〕*n.* 權利
boring〔ˋbɔrɪŋ〕*adj.* 無聊的　　pass〔pæs〕*v.* 度過；打發（時間）
curious〔ˋkjurɪəs〕*adj.* 好奇的　　care〔kɛr〕*v.* 在意
waste〔west〕*n.* 浪費　　decision〔dɪˋsɪʒən〕*n.* 決定

24.(**A**) 有多少國中生同意，國中生可以談戀愛？
　　　　(A) 188 人。　　　　　(B) 100 人。
　　　　(C) 47 人。　　　　　 (D) 212 人。

25.(**C**) 何者正確？
　　　　(A) 許多學生不同意這個想法，因為他們認為學校生活太無聊。
　　　　(B) 超過半數的學生認為，談戀愛浪費時間。
　　　　(C) 有些學生認為，用功讀書比談戀愛更重要。
　　　　(D) 許多學生認為，交男女朋友是他們的權利。

( 26～28 )

313 班有 18 個男生和 14 個女生。下面的表格顯示，他們在放學之後喜歡做的活動：

| 活動 | 男生 | 女生 |
|---|---|---|
| 打籃球 | 12 | 9 |
| 玩電動 | 13 | 13 |
| 和朋友上網聊天 | 9 | 12 |
| 看電視 | 12 | 10 |
| 聽音樂 | 8 | 10 |
| 騎腳踏車 | 4 | 4 |

【註釋】

following〔ˈfɑloɪŋ〕*adj.* 下面的　　table〔ˈtebḷ〕*n.* 表格
activity〔ækˈtɪvətɪ〕*n.* 活動　　chat〔tʃæt〕*v.* 聊天

26.( **D** ) 313 班的男生最喜歡的活動是什麼？

　　(A) 打籃球。

　　(B) 和朋友上網聊天。

　　(C) 看電視。　　　　(D) 玩電動。

27.( **D** ) 313 班的女生最不喜歡的活動是什麼？

　　(A) 打籃球。

　　(B) 和朋友上網聊天。

　　(C) 聽音樂。　　　　(D) 騎腳踏車。

　　* least〔list〕*adv.* 最不

28. ( **C** ) 有關 313 班何者正確？

　　　　(A) 這個班級有 30 個學生。

　　　　(B) 男生們和女生們沒有共同的興趣。

　　　　(C) 喜歡聽音樂的女生比男生多。

　　　　(D) 看電視對他們而言是最受歡迎的嗜好。

　　　　* share〔ʃɛr〕*v.* 分享；共享

( 29～31 )

　　　艾咪的日記：

---

親愛的日記：　　　　　　　　　　　　　　　　5/18/14

　　　下週一有一個數學測驗。我數學不太好，但是我不怕。今天是週六。我姊姊貝蒂和我明天早上要早起，一起研究數學。她數學很厲害，他知道我需要她的幫助。

　　　下午她要和她朋友去野餐，但是我會待在家裡做功課。我想我考試會考好的。晚安。

---

【註釋】

　　　diary〔ˈdaɪərɪ〕*n.* 日記　　***be good at*** 擅長

　　　***work on*** 用功；研究；努力應付　　picnic〔ˈpɪknɪk〕*n.* 野餐

　　　***do well on the exam*** 考試考好

29. ( **C** ) 貝蒂星期幾要幫艾咪複習數學呢？

　　　　(A) 星期五。　　　　　　　(B) 星期六。

　　　　(C) 星期日。　　　　　　　(D) 星期一。

30. ( **A** ) 貝蒂是誰？

     (A) 艾咪的姊姊。    (B) 艾咪的朋友。

     (C) 艾咪的老師。    (D) 艾咪的同班同學。

31. ( **D** ) 有關艾咪何者正確？

     (A) 她擅長數學。    (B) 她週六要去野餐。

     (C) 她每個週日都早起。    (D) 她週日會研讀數學。

（32～34）

| 項目 | 價格 | 現在八折特價中 |
|---|---|---|
| 紅茶 | NT$20 | NT$16 |
| 奶茶 | NT$30 | NT$24 |
| 檸檬茶 | NT$35 | NT$28 |
| 冰淇淋 | NT$50 | NT$40 |
| 熱狗 | NT$40 | NT$32 |

【註釋】

item〔ˈaɪtəm〕*n.* 物品；項目   ***on sale*** 特價中
off〔ɔf〕*adv.* 切斷；扣除   ***20% off*** 打八折
***black tea*** 紅茶   lemon〔ˈlɛmən〕*n.* 檸檬

32. ( **B** ) 艾娃只有 20 元。她可以買什麼？

     (A) 冰淇淋。    (B) 紅茶。

     (C) 奶茶。    (D) 檸檬茶。

33.(**C**) 安想要一杯檸檬茶和一個熱狗,她應該付多少錢?

     (A) 16 元。   (B) 55 元。   (C) 60 元。   (D) 40 元。

34.(**B**) 琳達有 120 元。她現在可以買幾杯奶茶?

     (A) 4 杯。   (B) 5 杯。   (C) 6 杯。   (D) 7 杯。

( 35～38 )

---

湯瑪斯:艾倫,我們這個週末去看「繼續撥號」。有很多人
在談論那部電影。
　　　　　　35

艾　倫:噢,他們說什麼?

湯瑪斯:瑪麗告訴我說,電影裡所有的男女演員雖然很年
輕,但是都演得很好,喬林說的也是一樣。

艾　倫:我懂了。那劇情如何呢?
　　　　　　　36

湯瑪斯:「繼續撥號」是動作片,是關於一位勇敢的父親如
何拯救女兒的故事。

艾　倫:嗯⋯劇情聽起來很普通。

湯瑪斯:一點也不。彼得說這部電影非常刺激。他還說,從
頭到尾節奏非常快,他的眼睛一秒鐘都離不開。

艾　倫:真的嗎?那一定很精彩。好,我們這個週末去看。
　　　　　　　　　37

湯瑪斯:這個週六下午 3 點在華納影城碰面如何?

艾　倫:華納影城?他們週末沒有開。
　　　　　　　　38

湯瑪斯:邢我們在另一家戲院碰面,格藍德。

艾　倫:好,我會準時到那。

---

【註釋】

actor〔'æktə〕*n.* 男演員　　actress〔'æktrɪs〕*n.* 女演員
act〔ækt〕*v.* 演戲　　action〔'ækʃən〕*n.* 動作
***action movie*** 動作片　　brave〔brev〕*adj.* 勇敢的
save〔sev〕*v.* 解救　　story〔'storɪ〕*n.* 故事；劇情
sound〔saund〕*v.* 聽起來　　quite〔kwaɪt〕*adv.* 相當地
common〔'kamən〕*adj.* 常見的；普通的　　***not at all*** 一點也不
exciting〔ɪk'saɪtɪŋ〕*adj.* 刺激的　　end〔ɛnd〕*n.* 結束
***from the beginning to the end*** 從開始到結束；從頭到尾
***take*** *one's* ***eyes off*** ~ 使眼睛離開~　　theater〔'θiətə〕*n.* 電影院

35. ( **A** ) (A) 有很多人在談論那部電影。

　　　(B) 我對那部電影有興趣是因為它的名字。

　　　(C) 我上週去看了那部電影，我想再看一次。

　　　(D) 我不能去看那部電影，因為我未滿 18 歲。

36. ( **B** ) (A) 電影何時播出呢？

　　　(B) 那劇情如何呢？

　　　(C) 電影多長呢？

　　　(D) 我們在哪裡能看到電影呢？

37. ( **C** ) (A) 那非常有可能。　　　　(B) 我受夠了。

　　　(C) 那一定很精彩。　　　　(D) 還好而已。

　　　　\* ***more than*** 不止；非常　　likely〔'laɪklɪ〕*adj.* 可能的
　　　　so-so〔'so,so〕*adj.* 還好；普普通通的；馬馬虎虎的

38. ( **D** ) (A) 那裡沒有很遠。

　　　(B) 那裡很大很新。

　　　(C) 他們週六開放。

　　　(D) 他們週六沒有開。

（39～41）

今天是開學第一天。我感到非常興奮，因為畢業旅行即將來臨。老師今天早上告訴我說，我們畢業旅行<u>要去</u>溪頭。我想
　　　　　　　　　　　　　　　　　　　　　　39
我們在那裡會玩得很愉快。

放學後，我帶麗莎去圖書館。我們晚上<u>待</u>在閱覽室。我們
　　　　　　　　　　　　　　40
找到一些關於溪頭的書。離開圖書館後，我們去麥當勞買漢堡和薯條。我很餓，但我沒吃很多。過去兩週以來，我<u>已經減了</u>
　　　　　　　　　　　　　　　　　　　　　　　　　　　41
二公斤。我希望在冬天來臨前，我可以再減二公斤。

【註釋】

excited〔ɪkˋsaɪtɪd〕*adj.* 感到興奮的
graduation〔͵grædʒʊˋeʃən〕*n.* 畢業
hamburger〔ˋhæmbɝɡɚ〕*n.* 漢堡　　fries〔fraɪz〕*n. pl.* 薯條
hungry〔ˋhʌŋgrɪ〕*adj.* 飢餓的　　kilo〔ˋkɪlo〕*n.* 公斤（= *kilogram*）
lose〔luz〕*v.* 減輕（重量）

39.（**D**）依句意，去溪頭是「未來式」，選 (D) ***are going to***。

40.（**A**）依句意，「待」在閱覽室是過去的時間，用「過去式」即可，
　　　　 選 (A) ***stayed***。

41.（**B**）依句意，「已經減了」二公斤，用「現在完成式」，
　　　　 選 (B) ***have lost***。

# TEST 5 詳解

## 聽力測驗（第 1-21 題，共 21 題）

第一部分：辨識句意（第 1-3 題，共 3 題）

1. ( **B** ) (A)  (B) (C)

The television cost twelve thousand six hundred dollars.
這台電視機價值 12,600 元。

\* cost〔kɔst〕*v.* 值…價錢

2. ( **A** ) (A) (B) (C)

Janet takes the bus to her office every morning.
珍妮特每天早上搭公車到辦公室。

3. ( **C** ) (A) (B) (C)

Cathy drew a ladybug on her paper.

凱西在她的紙上畫了一隻瓢蟲。

* draw〔drɔ〕v. 畫【三態變化為：draw-drew-drawn】
  ladybug〔ˈledɪˌbʌg〕n. 瓢蟲

## 第二部分：基本問答（第 4-10 題，共 7 題）

4. ( **A** ) Winter vacation will begin in a week.

   寒假再過一週就要開始了。

   (A) Great! I can't wait. 太棒了！我等不及了。

   (B) Did you have a good time? 你玩得很愉快嗎？

   (C) Winter vacation is really short. 寒假真是太短了。

5. ( **C** ) Would you like to have a cup of coffee?

   你想要喝杯咖啡嗎？

   (A) Yes, I will. 是的，我會的。

   (B) No, I won't. 不，我不會。

   (C) Yes, please. 好的，謝謝。

   * *would like to V* 想要

6. ( **A** ) How often do you surf the Internet?

   你多久上網一次？

   (A) Almost every day. 幾乎每天。

   (B) For one or two hours. 一兩個小時。

   (C) To get information only. 只是為了取得資訊。

   * surf〔sɝf〕v. 衝浪；瀏覽　　*surf the Internet* 上網
     information〔ˌɪnfɚˈmeʃən〕n. 資訊

7. ( **C** ) My sister got hurt last night.

   我姊姊昨晚受傷了。

(A) Never mind. 別介意；沒關係。

(B) What a nice day! 真是愉快的一天！

(C) I'm sorry to hear that. 聽到那件事我很難過。

* *get hurt* 受傷　　mind〔maɪnd〕v. 介意

8. ( **C** ) I'll take the skirt.  Where shall I pay?

我要買這條裙子。我要在哪裡付錢？

(A) NT$900. 台幣 900 元。

(B) Please pay for it now. 請現在付錢。

(C) Over there.  Near the door. 在那裡，門旁邊。

* skirt〔skɜt〕n. 裙子

9. ( **B** ) What are you making in the kitchen?

你在廚房裡做什麼？

(A) I'm making a brush and soap. 我正在做刷子和肥皂。

(B) I'm making soup and salad. 我正在做湯和沙拉。。

(C) I'm making dogs and cats. 我正在做狗和貓。

* brush〔brʌʃ〕n. 刷子　　soap〔sop〕n. 肥皂
  soup〔sup〕n. 湯　　salad〔'sæləd〕n. 沙拉

10. ( **A** ) Will you exercise much this year? 你今年會多多運動嗎？

(A) Not really.  I don't have time. 不會吧。我沒有時間。

(B) Yes.  I do exercises 3 and 4 on page 20 for my
homework.

是的，我的回家作業是做第 20 頁上的練習 3 和 4。

(C) Yes, I agree.  It is quite an easy exercise.

是的，我同意。這是個相當簡單的練習。

* exercise〔'ɛksə‚saɪs〕v., n. 運動；練習
  homework〔'hom‚wɜk〕n. 回家作業
  agree〔ə'gri〕v. 同意　　quite〔kwaɪt〕adv. 相當地

**第三部分：言談理解（第 11-21 題，共 11 題）**

11. ( **C** ) M：Hi, Rita. How do you feel today?

男：嗨，瑞塔。妳今天覺得怎麼樣？

W：Much better. But the doctor said that I had to stay here in bed till Thursday.

女：好多了，但是醫生說，我得在床上躺到週四。

Question：Where are they talking? 他們在哪裡談話？

(A) At school. 在學校。

(B) In a store. 在商店裡。

(C) In a hospital. 在醫院。

12. ( **B** ) W：What festival do you like?

女：你喜歡什麼節日？

M：I prefer the Moon Festival to the Dragon Boat Festival. And you?

男：我比較喜歡中秋節勝過端午節。妳呢？

W：I like Christmas best.

女：我最喜歡耶誕節。

Question：What festival does the man like best?

這位男士最喜歡什麼節日？

(A) The Dragon Boat Festival. 端午節。

(B) The Moon Festival. 中秋節。

(C) Christmas. 耶誕節。

\* festival〔ˈfɛstəvḷ〕*n.* 節日　　prefer〔prɪˈfɝ〕*v.* 比較喜歡
*Moon Festival* 中秋節　　dragon〔ˈdrægən〕*n.* 龍
*Dragon Boat Festival* 端午節

13. ( **A** ) M：Would you like me to put the clock on the wall for you?

男：妳要我替妳把時鐘掛在牆上嗎？

W : Yes. It's really kind of you.

女：好的。你人真好。

Question : What is the man going to do?

這位男士即將做什麼？

(A) Hang the clock. 掛時鐘。

(B) Look at the clock. 看時鐘。

(C) Paint the wall. 粉刷牆壁。

\* hang〔hæŋ〕*v.* 懸掛    paint〔pent〕*v.* 粉刷

14. ( **C** ) M : What's your weekend plan, Jane?

男：珍，妳週末有什麼計劃嗎？

W : I'll go to my grandparents' home. This Sunday is my grandma's birthday.

女：我要去我爺爺奶奶家。這個星期日是我奶奶大壽。

M : Really? How old is she?

男：真的嗎？她高壽多少了？

W : 81.

女：81 歲。

Question : What day is Jane's grandma's birthday?

珍的奶奶的生日是星期幾？

(A) It's on the weekend. 在週末。

(B) It's on Saturday. 星期六。

(C) It's on Sunday. 星期日。

15. ( **B** ) M : Wow! What a wonderful dress! Is it new?

男：哇！好美的洋裝！是新的嗎？

W : Yes. And it's not expensive. I bought it at the night market.

女：是的，而且不會很貴。我在夜市買的。

M：Well, it looks great on you anyway.

男：嗯，不管怎樣，穿在妳身上很好看。

Question：What does the man think of the dress?

這位男士認為這件洋裝如何？

(A) It looks cheap.　看起來很廉價。

(B) It looks nice on the woman.

穿在這位女士身上很好看。

(C) It looks too big.　看起來太大了。

* wonderful〔'wʌndəfəl〕adj. 很棒的

dress〔drɛs〕n. 洋裝　　***night market*** 夜市

anyway〔'ɛnɪˌwe〕adv. 不管怎樣

16. ( **A** ) W：Officer, I swear the light was still green when I
entered the intersection.

女：警官，我發誓，我來到十字路口時還是綠燈。

M：Lady, I was sitting right there. The light had been
red for at least a full second before you crossed the
white line.

男：小姐，我一直坐在那裡。在妳越過白線之前，燈號變成
紅燈至少整整一秒鐘了。

W：Come on. Can't you give me a break this time, sir?
I promise not to do it again.

女：拜託，警官，你這次不能饒過我嗎？我答應絕不再犯。

M：Everybody says that. I hear it all the time. If it were
true, there wouldn't be a need for traffic cops. Sadly,
you kids think the laws don't apply to you.

男：每個人都那麼說。我聽過很多遍了。如果是真的，就不需
交通警察了。令人難過的是，你們這些小孩都認為法律不
適用在你們身上。

Question: What did the woman do?

這位女士做了什麼事？

(A) She ran a red light. 她闖紅燈。

(B) She exceeded the speed limit. 她超速。

(C) She hit a pedestrian. 她撞到一位行人。

\* officer（ˈɔfəsɚ）n. 警官；軍官　　swear（swɛr）v. 發誓
enter（ˈɛntɚ）v. 進入　　intersection（ˌɪntɚˈsɛkʃən）n. 十字路口
*at least* 至少　　cross（krɔs）v. 越過；穿越
*give sb. a break* 饒了某人　　promise（ˈprɑmɪs）v. 答應
cop（kɑp）n. 警察　　sadly（ˈsædlɪ）adv. 令人難過的是
apply（əˈplaɪ）v. 適用 < to >　　*run a red light* 闖紅燈
exceed（ɪkˈsid）v. 超過　　speed（spid）n. 速度
*speed limit* 速限　　pedestrian（pəˈdɛstrɪən）n. 行人

17. ( **A** ) M : I don't understand why you have to buy a new bike.

男：我不懂妳為什麼必須要買一輛新腳踏車。

W : There's nothing wrong with the old one. I just saw the new type on TV and it attracted me a lot.

女：舊腳踏車沒有任何問題。我只是在電視上看到那個新款，很吸引我。

Question : What is the woman going to buy?

這位女士要買什麼？

(A) A new bicycle. 新腳踏車。

(B) A new computer. 新電腦。

(C) A new television. 新電視。

\* type（taɪp）n. 款式　　attract（əˈtrækt）v. 吸引

18. ( **C** ) W : I must catch the 9:15 train to Taichung. It's 9:00 now.

女：我必須趕上 9 點 15 分到台中的火車。現在九點鐘了。

M：Don't worry, ma'am.  I will drive you there in ten
　　minutes.

男：不用擔心，女士。我 10 分鐘之內開車把妳送到。

Question：Why is the woman in a hurry?

　　　　　這位女士爲什麼趕時間？

(A) She is going to drive to Taichung.  她要開車去台中。

(B) She is going to buy a ticket to a ball game.
　　 她要去買一場球賽的門票。

(C) She has to get to the train station in 15 minutes.
　　 她必須在 15 分鐘之內到達火車站。

\* catch〔kætʃ〕v. 趕上　　ma'am〔mæm〕n. 女士

***in a hurry*** 匆忙


19. ( **C** )　M：How was your weekend?

男：妳的週末過得如何？

W：Great!  George and I went hiking in the mountains.
　　How about you?  Did you have a good time?

女：很棒！喬治和我到山上健行。那你呢？你還愉快嗎？

M：Not really.  I just stayed at home watching TV all day.

男：並沒有。我一整天就只待在家裡看電視。

W：Maybe you can join us next time.

女：也許下次你可以和我們一起去。

Question：What did the woman do on the weekend?

　　　　　這個女士週末做了什麼？？

(A) She stayed at home.  她待在家裡。

(B) She went biking.  她去騎腳踏車。

(C) She went hiking.  她去健行。

\* hike〔haɪk〕v. 健行　　join〔dʒɔɪn〕v. 加入

　bike〔baɪk〕v. 騎腳踏車

20. ( **A** ) W : I just went shopping. The Modern Department Store is having a sale.

女：我剛剛去購物了。現代百貨公司正在特價中。

M : What did you buy?

男：妳買了什麼？

W : Look! This skirt. It was 1,600 NT dollars. This jacket was 1,800 NT dollars, and the T-shirt was 490 NT dollars.

女：你看。這條裙子 1,600 元，這件夾克 1,800 元，還有這件 T 恤 490 元。

Question : Which cost the most? 哪一件價格最貴？

(A) The jacket. 夾克。

(B) The skirt. 裙子。

(C) The T-shirt. T 恤。

\* modern〔'mɑdən〕*adj.* 現代的　　***department store*** 百貨公司

jacket〔'dʒækɪt〕*n.* 夾克

21. ( **B** ) M : Do you feel like going swimming?

男：你想要去游泳嗎？

W : Well, I'd prefer to go skating if you don't mind.

女：嗯，如果你不介意的話，我比較想去溜冰。

Question : What does the woman mean?

這位女士是什麼意思？

(A) She'd like to go swimming. 她想去游泳。

(B) She'd like to go skating. 她想去溜冰。

(C) She'd like to go anywhere with the man.

她想和這位男士去任何地方。

\* ***feel like V-ing*** 想要…　　skate〔sket〕*v.* 溜冰

## 閱讀測驗（第 1-41 題，共 41 題）

### 第一部分：單題（第 1-15 題，共 15 題）

1. ( **C** ) 這個標誌是什麼意思？

(A) 站在線上。

(B) 在線內開車小心。

(C) 站在線後面。

(D) 去保持淨空。

| | 保持淨空 |
|---|---|
| 候車線 | |

\* sign〔saɪn〕n. 牌子；標誌　　clear〔klɪr〕adj. 無阻礙的

2. ( **A** ) 我收到了停車罰單。罰金是 600 元。

(A) **fine**〔faɪn〕n. 罰款；罰金

(B) money〔ˈmʌnɪ〕n. 錢

(C) cash〔kæʃ〕n. 現金

(D) change〔tʃendʒ〕n. 改變；零錢

\* parking〔ˈpɑrkɪŋ〕n. 停車　　ticket〔ˈtɪkɪt〕n. 罰單

3. ( **B** ) 尼克喜歡戲劇和舞蹈，所以紐約應該很適合他。

(A) suite〔swit〕n. 套房

(B) **suit**〔sut〕v. 適合　n. 套裝

(C) suitable〔ˈsutəbḷ〕adj. 適合的

(D) suited〔ˈsutɪd〕adj. 適合的【suited 如果當動詞，

為過去式，但句中在助動詞 should 後，應用原形動詞】

\* theater〔ˈθiətɚ〕n. 戲劇　　dancing〔ˈdænsɪŋ〕n. 舞蹈

4. ( **C** ) 他在餐廳預訂了一個四人桌。

(A) paper〔ˈpepɚ〕n. 紙；報紙；報告

(B) note〔not〕n. 筆記　v. 記下；注意

(C) ***book*** 〔 bʊk 〕 *n.* 書　*v.* 預訂

(D) open 〔'opən 〕 *v.* 打開　*adj.* 開著的

5. ( **B** ) 你<u>人真好</u>願意幫助我。

It 是虛主詞，不定詞 to help me 是真正主詞，主詞補語
用形容詞，對人表示「稱讚或責備」，介系詞要用 of，
故選 (B) ***kind of***。

* kind 〔 kaɪnd 〕 *n.* 種類　*adj.* 仁慈的
  kindly 〔'kaɪndlɪ 〕 *adv.* 仁慈地

6. ( **B** ) 我想要當獸醫。我有三隻寵物——兩隻兔子，還有一隻<u>叫做</u>
王子的貓。

「名叫…」源自於形容詞子句 who/which is named…，
省略關代和 be 動詞，形成分詞片語，選 (B) ***named***。

* prince 〔 prɪns 〕 *n.* 王子

7. ( **D** ) <u>樹上的葉子</u>在秋天五顏六色。

(A) leave 〔 liv 〕 *v.* 離開　*n.* 許可；請假

(B) left 〔 lɛft 〕 *v.* 離開【leave 的過去式、過去分詞】
　　*adj.* 左邊的　*adv.* 在左邊　*n.* 左邊

(C) leaf 〔 lif 〕 *n.* 葉子；一頁【單數】

(D) ***leaves*** 〔 livz 〕 *n.* 葉子【leaf 的複數形】
　　*v.* 離開【leave 第三人稱單數，字尾加 s】

* colorful 〔'kʌləfəl 〕 *adj.* 彩色的　　autumn 〔'ɔtəm 〕 *n.* 秋天

8. ( **D** ) 布萊恩上課時總是<u>專注在</u>功課上。他一次只想著一件事。

(A) follow 〔'falo 〕 *v.* 遵循

(B) prepare 〔 prɪ'pɛr 〕 *v.* 準備

(C) preview〔'pri,vju〕*v., n.* 試映；預演

(D) ***concentrate***〔'kɑnsn̩,tret〕*v.* 專注於＜ *on* ＞

* ***at a time*** 一次

9. ( **D** ) 南西：我們想要邀請全校每個人來參加派對，但是有這麼多
卡片要寫。

吉米：何不在學校牆上貼<u>一些海報</u>呢？大家很快就會知道這
個消息了。

(A) clock〔klɑk〕*n.* 時鐘

(B) e-mail〔'i,mel〕*n.* 電子郵件

(C) envelope〔'ɛnvə,lop〕*n.* 信封

(D) ***poster***〔'postə〕*n.* 海報

* invite〔ɪn'vaɪt〕*v.* 邀請　　news〔njuz〕*n.* 消息

10. ( **B** ) 他一定和這場意外有關。他想要避免<u>回答</u>我的問題。

avoid 之後要接動名詞做受詞，選 (B) ***answering***。

* must〔mʌst〕*aux.* 一定【表示肯定的推測】
***have something to do with*** 與～有關
accident〔'æksədənt〕*n.* 意外
avoid〔ə'vɔɪd〕*v.* 避免

11. ( **C** ) A：你下定決心未來要做什麼了嗎？

B：我還年輕，所以我現在沒有想這件事。不過我<u>不會放棄我
英文的興趣</u>。

(A) 我可以自己去

(B) 決定我的未來不是我的工作

(C) <u>不會放棄我英文的興趣</u>

(D) 待會去看電影如何？

* ***make up*** *one's **mind*** 下定決心
future〔'fjutʃɚ〕 *n.* 未來　　***think about*** 思考；考慮
***by*** *oneself* 獨自　　***give up*** 放棄
***what about*** + *N/V-ing?* ～如何？

12. ( **B** ) 漂亮的女孩容易<u>吸引大家的注意</u>。

　　　(A) catch a cold　感冒

　　　(B) ***catch*** *sb.'s* ***eye*** 吸引某人的注意

　　　(C) catch up　追上

　　　(D) catch sb. out　識破某人

　　　* pretty〔'prɪtɪ〕 *adj.* 漂亮的

13. ( **B** ) 彼得<u>通常</u>在他房間裡唸書，因為房間裡安靜。

　　　usually「通常」是頻率副詞，要放在 be 動詞之後，一般動
　　　詞之前，或是助動詞和動詞之間，選 (B) ***usually studies***。

　　　* quiet〔'kwaɪət〕 *adj.* 安靜的

14. ( **B** ) 她送給我一支很美麗的手錶，但我把<u>它</u>弄丟了。

　　　代替前面提到的同一個單數名詞，代名詞用 ***it***，選 (B)。

　　　* lovely〔'lʌvlɪ〕 *adj.* 美麗的

15. ( **C** ) 要確定你所讀的每一個字你都了解。如果有你不知道的，就
　　　立刻<u>查</u>字典。

　　　(A) look over　翻閱；瞭望

　　　(B) look around　到處看看

　　　(C) ***look up*** 查閱【受詞 it 要放在 look 和 up 之間】

　　　(D) look down　俯視；往下看

　　　* ***make sure*** 確定　　dictionary〔'dɪkʃən,ɛrɪ〕 *n.* 字典

第二部分：題組（第 16-41 題，共 26 題）

（16～19）

---

I＝訪問者　　R＝羅傑斯

I　：你的工作一般一天都怎麼過的？

R　：那要看是在一年中的什麼時間。一年中大部分時間，我都在辦公室裡工作。我用電腦做研究，閱讀及撰寫科學的文章。但到了颱風季節，我就有機會飛進颱風裡。

I　：你飛進颱風裡？

R　：是的。我們飛進颱風裡做測量。我們的工作之一，是找出颱風中心的正確位置。在暴風雨中，這真的很刺激。2005年的一場颱風裡，我手上原本有一個寫字板和一罐汽水。突然之間它們就飛到空中——非常靠近我的臉。

I　：只有你在飛機上嗎？

R　：不，飛機上通常有 15 到 18 個人，包括機師、工程師，和科學小組。我是最後這組的一員，通常有二到五人。

I　：颱風都是不好的嗎？

R　：颱風很危險，但是也很重要。它們將熱從溫暖的海域往南北極傳遞。沒有颱風就意味著，世界上的某些地區沒有雨水。所以我們也需要颱風。

---

【註釋】

interviewer〔ˋɪntɚˌvjuɚ〕*n.* 訪問者【interview *n., v.* 訪問】

average〔ˋævərɪdʒ〕*adj.* 平均的；一般的

***depend on*** 視～而定　　research〔ˋrisɝtʃ〕*n.* 研究

scientific〔ˌsaɪənˋtɪfɪk〕*adj.* 科學的

article〔'ɑrtɪkḷ〕*n.* 文章　　season〔'sizn̩〕*n.* 季節
measure〔'mɛʒɚ〕*v.* 測量　　exact〔ɪg'zækt〕*adj.* 確切的
location〔lo'keʃən〕*n.* 地點　　center〔'sɛntɚ〕*n.* 中心
clipboard〔'klɪp,bord〕*n.* 有夾子的寫字板
can〔kæn〕*n.* 罐頭　　soda〔'sodə〕*n.* 蘇打水；汽水
suddenly〔'sʌdn̩lɪ〕*adv.* 突然地　　pilot〔'paɪlət〕*n.* 飛行員
engineer〔,ɛndʒə'nɪr〕*n.* 工程師　　crew〔kru〕*n.* 工作人員
heat〔hit〕*n.* 熱　　pole〔pol〕*n.* 極地

16. ( **C** ) 根據羅傑斯說，颱風有助於將 ＿＿＿＿＿ 傳遞到世界上的其他地區。

(A) 海洋　　　　　　　　(B) 極地

(C) 熱　　　　　　　　　(D) 雨

17. ( **B** ) "do research" 這個片語意思是 ＿＿＿＿＿。

(A) 寫文章　　　　　　　(B) 找出資料

(C) 搭飛機　　　　　　　(D) 讀小說

* novel〔'nɑvḷ〕*n.* 小說

18. ( **A** ) 有幾位科學家在飛機上？

(A) 2 到 5 位。　　　　　(B) 10 到 16 位。

(C) 15 到 18 位。　　　　(D) 20 到 25 位。

19. ( **C** ) 哪一個敘述可能是真的？

(A) 羅傑斯想要讓人們知道颱風是安全的。

(B) 訪問者想要成為氣象播報員。

(C) 訪問者聽到羅傑斯會飛進颱風裡很驚訝。

(D) 沒有颱風意味著，世界上有些地區會保持溫暖。

* weatherman〔'wɛðɚ,mæn〕*n.* 氣象播報員
  stay〔ste〕*v.* 保持

（20～23）

漢克沒有早起。他每天早上都睡到 10 點鐘。他醒來之後從來不洗臉刷牙。他起床之後總是有美味的早餐，可是他從來沒準備。他早餐吃完後從來不去上班。早上他經常在公園裡和小鳥玩或玩花。午餐之後他通常會小睡片刻。有時他會在公園裡慢跑或是追貓。晚餐之後，他總是會到處走走，然後躺在草地上。睡覺前他很少洗澡或刷牙。他也很少剪頭髮。然而，如果需要的時候，<u>有人</u>會幫他做。漢克幾乎每天都做同樣的事情。他的生活過得很輕鬆嗎？當然！因為他是我心愛的寵物狗！

【註釋】

brush〔 brʌʃ 〕v. 刷　　　　***wake up*** 醒來
prepare〔 prɪˋpɛr 〕v. 準備　　***go to work*** 去上班
garden〔ˋgɑrdn̩〕n. 花園　　　nap〔 næp 〕n. 小睡
***take a nap*** 小睡片刻　　jog〔 dʒɑg 〕v. 慢跑
grass〔 græs 〕n. 草地　　　haircut〔ˋhɛrˏkʌt〕n. 剪頭髮
beloved〔 bɪˋlʌvɪd 〕adj. 心愛的　　pet〔 pɛt 〕n. 寵物

20.（ **D** ）漢克每天都必須做的是什麼？

　　(A) 洗頭髮。　(B) 去上班。　(C) 刷牙。　(D) <u>吃飯。</u>

21.（ **D** ）當作者談到漢克時，他/她感覺如何？

　　(A) 難過。　　(B) 生氣。　　(C) 無聊。　　(D) <u>快樂。</u>

22.（ **D** ）文中「有人」指的是誰？

　　(A) 漢克的父母。　　　　(B) 漢克的朋友。

　　(C) 漢克他自己。　　　　(D) <u>漢克的主人。</u>

　　\* ***refer to*** 指　　owner〔ˋonɚ〕n. 主人

23. ( **A** ) 何者為正確？

  (A) <u>漢克的主人非常愛他。</u>  (B) 漢克總是待在家裡。

  (C) 漢克是一隻很懶惰的狗。  (D) 漢克不必洗澡。

（24～26）

> 　　科幻電影是一種特殊的電影。這些電影的主題通常是關於機器、科學和未來。它們講述一些新的觀念，而這些觀念也許會改變我們的生活方式。
>
> 　　第一部科幻電影「月球旅行記」已經超過一百年了，是在 1902 年拍攝的。電影是黑白的，而且沒有聲音。在電影中，科學家們把自己發射到空中，他們旅行到了月球上，遇見了外星人，再返回家鄉。在「月球旅行記」中，他們使用油漆、木頭和金屬，來製作外星人、太空船和行星。
>
> 　　阿凡達是新的科幻電影，製作於 2009 年。阿凡達是彩色電影，也有聲音。在這部電影中，他們使用電腦來繪製外星人、機器和植物。新電影比舊電影片長更長。阿凡達和其他新電影現在都用 3D 放映在特殊的螢幕上。

【註釋】

fiction (ˈfɪkʃən ) *n.* 小說　***science fiction*** 科幻小說；科幻電影
special (ˈspɛʃəl ) *adj.* 特殊的　　subject (ˈsʌbdʒɪkt ) *n.* 主題
***way of life*** 生活方式　　***black and white*** 黑白的
shoot ( ʃut ) *v.* 發射　　alien (ˈeljən ) *n.* 外星人
paint ( pent ) *n.* 油漆　　metal (ˈmɛtḷ ) *n.* 金屬
spaceship (ˈspesˌʃɪp ) *n.* 太空船　　planet (ˈplænɪt ) *n.* 行星
Avatar (ˈævəˌtɑr ) *n.* 阿凡達【2009 年科幻電影，是史上全球票房最高的電影，超越 1997 年的「鐵達尼號」，這兩部電影都由詹姆斯・卡麥隆執導】
screen ( skrin ) *n.* 螢幕　　***3D*** 三度空間的；立體的

24. ( **A** ) 本文的主題為何？

    (A) 科幻電影改變的方式。      (B) 電影阿凡達。

    (C) 機器、科學和未來。      (D) 太空船和月球。

    * topic〔'tɑpɪk〕*n.* 題目；主題

25. ( **A** ) 「月球旅行記」這部電影多久了？

    (A) 超過一世紀。      (B) 不到一世紀。

    (C) 一百年。      (D) 本文沒有說到。

    * century〔'sɛntʃərɪ〕*n.* 世紀

26. ( **D** ) 何者不是新科幻電影的特色？

    (A) 可以用 3D 來看。      (B) 用電腦製作。

    (C) 做成彩色的。      (D) 沒有聲音。

    * feature〔'fitʃə〕*n.* 特色

**( 27～28 )**

> 　　教育性的電視節目，像是探索頻道的那些節目，對小孩很好。它們可以幫助學生學習。然而，電視也可能對小孩有不良的影響。小孩必須活動，他們必須到戶外玩，和其他小孩一起。有些小孩在電視機前一坐就是幾小時，而沒有足夠的運動。這會導致小孩體重增加、變胖。兒童肥胖，也就是體重過重，在台灣越來越多，電視正是問題的一部份。
>
> 　　另一個令人擔心的問題是暴力。許多人不想要槍、打鬥和死亡出現在他們的客廳裡。依他們之見，電視上的暴力會給小孩錯誤的觀念。這可能會造成在學校的行為問題。

【註釋】

educational〔ˌɛdʒə'keʃn̩〕*adj.* 教育的

program〔'progræm〕*n.* 節目　　discovery〔dɪ'skʌvərɪ〕*n.* 發現

channel〔'tʃænl〕*n.* 頻道　　influence〔'ɪnfluəns〕*n.* 影響

*have an influence on* 對~有影響　　active〔'æktɪv〕*adj.* 活動的

weight〔wet〕*n.* 體重　　***gain weight*** 體重增加

childhood〔'tʃaɪld,hʊd〕*n.* 童年　　obesity〔o'bisətɪ〕*n.* 肥胖

concern〔kən's3n〕*n.* 擔心之事　　violence〔'vaɪələns〕*n.* 暴力

gun〔gʌn〕*n.* 槍　　fighting〔'faɪtɪŋ〕*n.* 打鬥

opinion〔ə'pɪnjən〕*n.* 意見　　***in sb.'s opinion*** 依某人之見

***lead to*** 導致　　behavior〔bɪ'hevjə〕*n.* 行為

27. ( **C** ) 有些學生花許多時間看電視，沒有足夠的運動。這可能造成他們
    增加很多體重。

    　　(A) 變成喝酒喝很兇的人　　　(B) 體重減輕

    　　(C) 有肥胖問題　　　　　　　(D) 過了繁重的一天

    　　* heavy〔'hɛvɪ〕*adj.* 重的；激烈的；繁重的

28. ( **B** ) 有些電視節目裡有太多暴力。這些節目可能會給小孩行為上的
    錯誤觀念。

    　　(A) 發現、影響和運動　　　　(B) 槍、打鬥和死亡

    　　(C) 體重過重變胖　　　　　　(D) 教育性的電視

( 29～31 )

　　　　大部分人相信，我們對糖的喜愛可能會讓我們感覺很好。
我們的身體設計，只需仰賴少少的糖分維生。早期人類的食物
不多，所以我們的身體學會，有效率地將糖分以脂肪形式儲存
起來。如此，我們就有儲備的能量，以應付沒有食物的時候。
但是今日，大部分人都攝取超過足夠的量。所以曾經解救我們
的那件事情，現在可能會害死我們。

> 　　那麼有什麼解決之道呢？顯然，我們必須少吃點糖。困難的是，在今日的世界中，要避免糖分非常困難。從早餐的穀類食品到晚餐飯後的甜點，我們的食物裡糖分越來越多。有些廚師甚至用糖來添加食物的風味，而這些食物標榜著低脂。

**【註釋】**

sugar (ˈʃʊɡɚ) n. 糖　　design (dɪˈzaɪn) v. 設計
*live on* 依靠～而活　　human (ˈhjumən) n. 人類
efficient (əˈfɪʃənt) adj. 有效率的　　store (stor) v. 儲存
*in this way* 以這種方式；如此　　energy (ˈɛnɚdʒɪ) n. 能量
once (wʌns) adv. 曾經　　solution (səˈluʃən) n. 解決之道
obvious (ˈɑbvɪəs) adj. 明顯的　　trouble (ˈtrʌbḷ) n. 問題；困難
extremely (ɪkˈstrimlɪ) adv. 非常地　　avoid (əˈvɔɪd) v. 避免
cereals (ˈsɪrɪəlz) n. pl. 穀類食品　　dessert (dɪˈzɝt) n. 甜點
increasingly (ɪnˈkrisɪŋlɪ) adv. 逐漸地　　*be filled with* 充滿
*add A to B* 把 A 加入 B 中　　taste (test) n. 味道；風味
advertise (ˈædvɚˌtaɪz) v. 廣告；宣傳

29. ( **C** )　文章裡「那件事情」指的是什麼？

　　(A) 我們食物中糖分的量

　　(B) 有足夠的食物能生存

　　(C) 我們將糖分以脂肪形式儲存起來的能力

　　(D) 早期人類的缺乏食物

　　* phrase (frez) n. 片語　　*refer to* 指
　　　survive (səˈvaɪv) v. 生存　　lack (læk) n. 缺乏

30. ( **A** )　第二段的主旨為何？

　　(A) 糖分太多。　　　　　　(B) 如何避免糖分。

　　(C) 解決之道只有一個：吃低脂的食物。

　　(D) 早餐裡充滿糖分。

　　* paragraph (ˈpærəˌɡræf) n. 段落

31. ( **C** ) 根據本文，為什麼要避免糖分很困難？

(A) 我們太喜歡糖果。

(B) 糖分給予我們必須的能量。

(C) 很多食物和飲料裡面都含有糖分。

(D) 我們習慣在學校吃糖。

* *get used to* + *N/V-ing* 習慣於

( 32～34 )

在許多方面，今日的生活好多了——但是人們有比較快樂嗎？答案是否定的。在一個 1957 年的調查中，百分之 36 的人非常快樂。將近 50 年後，那個數字降低了——非常快樂的人只有百分之 30。

現在的人擁有更多的錢、更多的東西，但是他們沒有更快樂。這是什麼意思？比較多的錢不會使人變得比較快樂。對專家來說，這是一個有趣的想法。

心理學家艾德・狄安納正在研究這個想法。狄安納比較了兩組人。第一組來自一個非常有錢的人的名單，另一組則是從電話簿裡選出來的，都是普通人——不富也不窮。狄安納的研究結果很有趣：非常有錢的人比較快樂，但也只有比較快樂一點點。

當然，人需要錢才能生活，但是多一點錢不代表多一點快樂。專家們都同意：金錢不能買到快樂。

【註釋】

survey〔ˋsɝve〕*n.* 調查　　expert〔ˋɛkspɝt〕*n.* 專家

psychologist〔saɪˋkɑlədʒɪst〕*n.* 心理學家

research〔rɪˋsɝtʃ〕*v.* 研究　　compare〔kəmˋpɛr〕*v.* 比較

group〔grup〕*n.* 群組　　list〔lɪst〕*n.* 名單

wealthy〔ˋwɛlθɪ〕*adj.* 富有的　　***phone book***　電話簿

ordinary〔ˋɔrdn͵ɛrɪ〕*adj.* 普通的　　result〔rɪˋzʌlt〕*n.* 結果

agree〔əˋgri〕*v.* 同意

32. ( **A** ) 狄安納的研究結果很有趣：非常有錢的人

　　　　(A) 只比普通人快樂一點點。　　(B) 和普通人一樣。

　　　　(C) 比起普通人非常不快樂。　　(D) 比其他人不快樂多了。

33. ( **A** ) 比較 1950 年代和現在。大部分人現在

　　　　(A) 有一點比較不快樂。　　(B) 有一點比較快樂。

　　　　(C) 快樂很多。　　(D) 有一點不快樂。

34. ( **B** ) 專家們同意：

　　　　(A) 金錢可以買到快樂。

　　　　(B) 金錢可以使人們多快樂一點點。

　　　　(C) 金錢可以使人們不快樂很多。

　　　　(D) 快樂可以買到金錢。

( 35～37 )

布蘭達是高中生。她想要多賺點錢，所以她決定開始當
　　　　　　　　　　　　　　35
保姆打工。她在她家附近四處打聽，問一些媽媽們是否需要
　　　　　　　　　　　　　　　　　　36
人幫忙照顧小孩。他們沒有人需要替小孩找保姆，除了其中
　　　　　　　　　　　　　　　　　　37
一家。

## 【註釋】

extra〔'ɛkstrə〕 adj. 多餘的
babysit〔'bebɪ,sɪt〕 v. 當臨時保姆
*go around* 在…四處走動；巡視
neighborhood〔'nebə,hʊd〕 n. 鄰近地區；附近
*look after* 照顧　　babysitter〔'bebɪ,sɪtə〕 n. 臨時保姆

35. ( **D** ) 依句意，「賺錢」用 *make* money，選 (D)。

36. ( **C** ) 依句意，問媽媽們「是否」需要人幫忙，故選 (C) *if*。

37. ( **A** ) 依句意，「除了」一家之外，其餘的都不需要，故選 (A) *except for*。(B)「包括」，(C)「除了～之外還有」，(D)「在～旁邊」，句意均不合。

(38~41)

我喜歡觀賞各式各樣的鳥類。在學校，我總是想辦法要坐在窗戶旁邊。老師要我<u>注意她</u>，而不是注意鳥。當我和家
　　　　　　　　　　　　　　　　38
人去旅行時，我喜歡去那些<u>一定要看得到不同種類的鳥的地方</u>。我的小妹覺得我瘋了，但是我不在意。賞鳥在全世界
39
是一項很受歡迎的活動。事實上，等我<u>一存夠錢</u>，我就要去
　　　　　　　　　　　　　　　40
買一副功率很強的雙筒望遠鏡，這麼一來我就可以更<u>仔細地</u>
　　　　　　　　　　　　　　　　　　　　　41
賞鳥。

【註釋】

*all kinds of* 各式各樣的；各種的　　*next to* 在～旁邊
attention〔ə'tɛnʃən〕*n.* 注意力　　*be sure to V* 一定；務必
species〔'spiʃɪz〕*n.* 種類；物種　　crazy〔'krezɪ〕*adj.* 瘋狂的
mind〔maɪnd〕*v.* 在意　　popular〔'pɑpjələ〕*adj.* 受歡迎的
activity〔æk'tɪvətɪ〕*n.* 活動　　*around the world* 全世界
*save up* 儲蓄；存錢　　binoculars〔baɪ'nɑkjələ·z〕*n. pl.* 雙筒望遠鏡
*so that* 如此；這麼一來

38. ( **C** ) *pay attention to* 注意

39. ( **B** ) 此處需要表「地方」的關係副詞，引導形容詞子句，修飾
　　先行詞 places，選 (B) *where*。

40. ( **C** ) 依句意，「一存夠錢就要去買…」，選 (C) *as soon as*「一～
　　時」，爲連接詞用法。
　　而 (A) how soon 是疑問詞，問「多快」，(B) 應改成 sooner
　　or later「遲早」，爲副詞，(D) the sooner the better「越快
　　越好」，均不合。

41. ( **A** ) 依句意，選 (A) *closely*「仔細地」。
　　close 表「接近的」，但空格前有 more，close 的比較級應用
　　closer，故 (B)、(D) 均不合，(C) closed「關閉的」，也不合。

# TEST 6 詳解

## 聽力測驗 ( 第 1-21 題，共 21 題 )

第一部分：辨識句意 ( 第 1-3 題，共 3 題 )

1. ( **B** ) (A)　　　　　(B)　　　　　(C)

I wear a suit and tie. 我穿著西裝、打領帶。

* suit〔sut〕*n.* 西裝　　　tie〔taɪ〕*n.* 領帶

2. ( **A** ) (A)　　　　　(B)　　　　　(C)

She hopes to get money instead of a gift.

她希望得到錢，而非禮物。

* ***instead of*** 而非　　　gift〔gɪft〕*n.* 禮物

3. ( **A** ) (A)　　　　　(B)　　　　　(C)

Please sign your name on the line.

請在線上簽名。

* sign〔saɪn〕v. 簽（名）

## 第二部分：基本問答（第 4-10 題，共 7 題）

4. (**A**)　What is your favorite season?

你最喜歡的季節是哪一個？

(A)　I like fall.　我喜歡秋天。

(B)　I like to go camping.　我喜歡去露營。

(C)　It is a cool spring day.　這是個涼爽的春日。

* favorite〔'fevərɪt〕adj. 最喜歡的　　season〔'sizn̩〕n. 季節
camp〔kæmp〕v. 露營

5. (**B**)　How often do you go for a walk?

你多久去散步一次？

(A)　Very much.　非常非常。

(B)　Twice a week.　一個星期兩次。

(C)　I take a bus to work.　我搭公車去上班。

* *go for a walk*　去散步

6. (**A**)　How do you feel today?　你今天感覺如何？

(A)　My throat still hurts, but I feel a little better.

我的喉嚨還會痛，不過我覺得好一點了。

(B)　My sister is sick.　Her whole body hurts.

我妹妹生病了。她全身都痛。

(C)　If you don't feel better, give me a call.

如果你沒覺得好一點，打電話給我。

* throat〔θrot〕n. 喉嚨　　hurt〔hɜt〕v. 疼痛
whole〔hol〕adj. 整個的

7. ( **A** ) You are thirsty. What do you want? 你口渴了。你要什麼？

(A) I want a cup of tea. 我要一杯茶。

(B) I want a piece of cake. 我要一片蛋糕。

(C) I want to buy a car. 我要買一輛車。

\* thirsty〔'θɝstɪ〕*adj.* 口渴的

8. ( **C** ) Do you know how much rain fell? 你知道下了多少雨嗎？

(A) I actually enjoy thunderstorms. 我其實很喜歡雷雨。

(B) That is a beautiful day. 那真是美好的一天。

(C) I'm not exactly sure. 我不太確定。

\* actually〔'æktʃʊəlɪ〕*adv.* 實際上
thunderstorm〔'θʌndə‚stɔrm〕*n.* 雷雨
exactly〔ɪg'zæktlɪ〕*adv.* 正確地；正是

9. ( **B** ) Why are you taking your umbrella? It isn't raining.
你爲什麼帶傘？沒有在下雨啊。

(A) I am going to carry it because of the rain.
我要帶傘，因爲下雨了。

(B) I am going to carry it for shade. 我帶傘要遮陽。

(C) I don't like to swim in the ocean.
我不喜歡在海裡游泳。

\* shade〔ʃed〕*n.* 蔭暗處    ocean〔'oʃən〕*n.* 海洋

10. ( **B** ) Did you finish packing for your business trip?
你要去出差行李打包好了嗎？

(A) Yes, I plan to finish packing tomorrow.
是的，我計劃明天打包完。

(B) Not yet. I plan to finish packing tonight.
還沒有。我計劃今晚打包完。

(C)  Yes, I finished my business trip.

是的，我的商務旅行結束了。

* pack〔pæk〕v. 打包（行李）　　***business trip*** 商務旅行；出差
***not yet*** 尚未；還沒有

## 第三部分：言談理解（第 11-21 題，共 11 題）

11. ( **C** )  W : Hi, Cola.  How old is Cola?

女：嗨，可樂。可樂幾歲了？

M : She's three months old, but don't worry.

男：她三個月大，不過不必擔心。

W : No problem.  I love cats.

女：沒問題，我愛貓。

Question : Who is Cola? 可樂是誰？

(A)  She is a quiet girl. 她是個安靜的女孩。

(B)  She is a three-month-old girl.

她是個三個月大的女孩。

(C)  She is a three-month-old cat.

她是一隻三個月大的貓。

* quiet〔'kwaɪət〕adj. 安靜的

12. ( **B** )  M : Hi.  Are you new to the building?

男：嗨，你新搬來這棟大樓嗎？

W : Yes, I just moved in three days ago.

女：是的，我三天前才搬進來的。

M : Well, welcome neighbor.  My name is John.  I live
  upstairs.

男：嗯，歡迎妳，鄰居。我叫約翰，我住在樓上。

Question : What is their relationship?

他們的關係是什麼？

(A) They are friends. 他們是朋友。

(B) They are neighbors. <u>他們是鄰居。</u>

(C) They are coworkers. 他們是同事。

\* neighbor〔'nebɚ〕 *n.* 鄰居   upstairs〔'ʌp'stɛrz〕 *adv.* 在樓上
  coworker〔ko'wɜkɚ〕 *n.* 同事

13. ( **C** ) W：This winter vacation is coming.  I have a lot of free
         time.

     女：寒假快到了。我就有很多空閒時間。

     M：Me, too.  What are you listening to?

     男：我也是。妳正在聽什麼？

     W：Oh, it's my favorite song.  Here, listen.

     女：噢，這是我最喜歡的歌。來，你聽。

     Question：What are they doing? 他們正在做什麼？

     (A) They are doing their homework. 他們正在做功課。

     (B) They are making a wonderful song.
         他們正在做一首很棒的歌。

     (C) They are listening to music. <u>他們正在聽音樂。</u>

     \* favorite〔'fevərɪt〕 *adj.* 最喜歡的
       wonderful〔'wʌndəfəl〕 *adj.* 很棒的

14. ( **A** ) M：Excuse me.  I'm looking for my daughter.

     男：對不起，我正在找我的女兒。

     W：What does she look like?

     女：她長得怎麼樣？

     M：Well, she's thin and a little short.

     男：嗯，她瘦瘦矮矮的。

     Question：What does the little girl look like?
              小女孩長得怎麼樣？

(A) She's short and thin. 她矮矮瘦瘦的。

(B) She's tall and thin. 她高高瘦瘦的。

(C) We don't know. 我們不知道。

15. ( **B** ) W：Do you have any sisters or brothers?

女：你有兄弟姊妹嗎？

M：No, I'm an only child. I feel lonely sometimes.

男：沒有，我是獨生子。我有時會覺得很寂寞。

W：Really? Sometimes, I want to be alone!

女：真的嗎？有時候我會很想獨自一人。

Question：How does the man feel?

　　　　　這位男士覺得如何？

(A) He never gets lonely. 他從來不會寂寞。

(B) He sometimes gets lonely. 他有時會寂寞。

(C) He wants to be alone. 他想要獨自一人。

＊ lonely〔'lonlɪ〕adj. 寂寞的

　 alone〔ə'lon〕adj. 獨自的

16. ( **B** ) W：What would you do if you found a bag with money
　　　　　　but no ID?

女：如果你發現了一袋錢，但沒有身分證明，你會怎麼做？

M：I'd take it to the police station. I wouldn't keep it,
　　and I don't trust any strangers.

男：我會把它拿到警察局。我不會留著，我也不相信陌生人。

Question：What would the man do?

　　　　　這位男士會做什麼？

(A) He would keep the bag. 他會把袋子留著。

(B) He would take it to the police.

他會把它帶去給警察。

(C) He would keep it from the police.

他不會交給警察。

* ***ID*** 身分證明【來自 identification〔aɪ,dɛntəfə'keʃən〕】
trust〔trʌst〕v. 相信；信任　　stranger〔'strendʒɚ〕n. 陌生人

17. ( **B** ) W：What would you do if someone gave you an
expensive gift but you didn't like it?

女：如果有人送你一個很昂貴的禮物，但是你不喜歡，
你會怎麼做？

M：I would say thanks and put it in a closet.

男：我會說謝謝，然後收在櫃子裡。

W：I would use it because I don't want to hurt my
friends' feelings.

女：我會使用，因爲我不想傷害朋友的感情。

Question：What would the woman do with the gift?

這位女士會如何處理這個禮物？

(A) She would say thanks but not use it.

她會說謝謝，但是不用。

(B) She would use it. 她會使用。

(C) She would not hurt it. 他不會傷害它。

* closet〔'klɑzɪt〕n. 衣櫥

18. ( **C** ) W：Would you get some bread when you are at the store?

女：你在店裡時買點麵包好嗎？

M：Sure. No problem.

男：當然好，沒問題。

W：And could you take my dress to the cleaner's?

女：還有你可以幫我把洋裝拿去洗衣店嗎？

M：Of course. I'd be happy to.

男：當然可以，樂意之至。

Question : Where are the woman and the man?

這位女士和男士在哪裡？

(A) At a grocery store. 在食品雜貨店裡。

(B) At a cleaner's. 在洗衣店。

(C) In the living room. 在客廳。

* cleaner〔'klinɚ〕 n. 洗衣店（= cleaner's ）
grocery〔'grosərɪ〕 n. 食品雜貨（店）
*grocery store* 食品雜貨店

19. ( **A** ) M : What do students usually wear to your school?

男：妳們學校的學生通常穿什麼去學校？

W : They generally wear jeans and T-shirts.

女：他們通常都穿牛仔褲和 T 恤。

M : What about in the winter?

男：那冬天呢？

W : Then they wear jeans and jackets.

女：那他們就穿牛仔褲和夾克。

Question : When do students wear jackets to school?

學生們何時穿夾克去學校？

(A) In the winter. 在冬天時。

(B) In the evening. 在晚上時。

(C) In the classroom. 在教室裡。

* generally〔'dʒɛnərəlɪ〕 adv. 一般地；通常
jeans〔dʒinz〕 n. 牛仔褲　　jacket〔'dʒækɪt〕 n. 夾克

20. ( **B** ) M : I use my cell phone all the time. I can talk on it, and
I can find maps, games, photos, and send texts.

男：我經常使用手機。我可以打電話、我可以找地圖、遊戲、
照片，還有傳簡訊。

W : What is the most interesting feature?

女：最有趣的特色是什麼？

M：I can do my homework with my phone. That's really very smart.

男：我可以用手機做作業。這眞是太聰明了。

Question：What are they talking about?

他們在談論什麼？

(A) How to do homework. 如何做作業。

(B) How they use a cell phone. 他們如何使用手機。

(C) How to find maps, games, and photos.

如何找地圖、遊戲和照片。

* **cell phone** 手機　　**all the time** 一直；總是
  map〔mæp〕*n.* 地圖　　photo〔'foto〕*n.* 照片
  text〔tɛkst〕*n.* 簡訊　　feature〔'fitʃɚ〕*n.* 特色
  smart〔smɑrt〕*adj.* 聰明的

21. ( **A** ) Think about it! You tell a secret to two of your friends and it takes one minute. Both of them tell the secret to another two people (that means four people) in the next minute.

你想想看！你把一個秘密告訴兩個朋友，需要一分鐘。他們兩人在下一分鐘又告訴了另外兩人（那就是四個人）。

Question：After two minutes, how many people altogether will know the secret?

兩分鐘之後，總共有多少人會知道這個秘密？

(A) 7. 7個人。

(B) 14. 14個人。

(C) 28. 28個人。

* secret〔'sikrɪt〕*n.* 秘密
  altogether〔ˌɔltə'gɛðɚ〕*adv.* 全部；總計

# 閱讀測驗（第1-41題，共41題）

## 第一部分：單題（第1-15題，共15題）

1. ( **C** ) 請看本圖。她們正在做什麼？

    (A) 她們正在慢跑。

    (B) 她們要去打保齡球。

    (C) <u>她們正在做瑜珈。</u>

    (D) 她們正在說好笑的笑話。

    * bowl〔bol〕v. 打保齡球    yoga〔'jogə〕n. 瑜珈

2. ( **C** ) 我的英文老師非常<u>嚴格</u>。她要求所有同學每天讀英文三小時。

    (A) comfortable〔'kʌmfətəbl〕adj. 舒服的

    (B) lonely〔'lonlɪ〕adj. 寂寞的

    (C) *strict*〔strɪkt〕adj. 嚴格的

    (D) sensitive〔'sɛnsətɪv〕adj. 敏感的

3. ( **D** ) 我們學生應該<u>自己</u>做作業，絕不該抄別人的答案。這樣對我們才有益處。

    *by oneself* 表「獨自；自行」之意，選 (D) *ourselves*。

    * copy〔'kɑpɪ〕v. 抄寫    *do sb. good* 對某人有益

4. ( **A** ) <u>集郵</u>是我閒暇時間會做的事情。

    動名詞當主詞，視為單數，故選 (A) *is*。

    * collect〔kə'lɛkt〕v. 收集    leisure〔'liʒə〕adj. 閒暇的

5. ( **A** ) 我幾乎無法<u>想像他出國</u>的情況。

    imagine 接受詞之後，要接動名詞做受詞補語，故選 (A) *imagine him going*。

    imagine〔ɪ'mædʒɪn〕v. 想像

* hardly〔'hardlɪ〕*adv.* 幾乎不
  abroad〔ə'brɔd〕*adv.* 在國外

6.( **A** ) 那個優雅的女孩真的給我留下深刻的<u>印象</u>。我對於她優雅的舉止印象非常深刻。

(A) *impression*〔ɪm'prɛʃən〕*n.* 印象
  *make a deep impression on sb.* 給某人留下深刻的印象

(B) mind〔maɪnd〕*n.* 心智；精神

(C) thought〔θɔt〕*n.* 思考；想法

(D) touch〔tʌtʃ〕*n.* 接觸；觸摸

* elegant〔'ɛləgənt〕*adj.* 優雅的　　deep〔dip〕*adj.* 深刻的
  impressed〔ɪm'prɛst〕*adj.* 印象深刻的
  graceful〔'gresfəl〕*adj.* 優雅的
  behavior〔bɪ'hevjɚ〕*n.* 行爲；舉止

7.( **C** ) 我的小弟從床上掉下來。<u>幸好</u>，他沒有受傷。

(A) likely〔'laɪklɪ〕*adj., adv.* 可能的（地）

(B) heavily〔'hɛvɪlɪ〕*adv.* 很重地

(C) *luckily*〔'lʌkɪlɪ〕*adv.* 幸運地

(D) quickly〔'kwɪklɪ〕*adv.* 快速地

8.( **B** ) 你現在可以在廚房幫忙我做菜嗎？

「help + sb. + *with* + N」表「幫助某人某事」，故選 (B)。

* cooking〔'kʊkɪŋ〕*n.* 烹調；烹飪

9.( **A** ) 我想要買一雙新的運動鞋。我的舊鞋<u>磨壞</u>了。

(A) *wear out* 磨損；用舊

(B) sell out 賣完　　　　(C) print out 印出

(D) look out 往外看；小心

* sneakers〔'snikɚz〕*n., pl.* 運動鞋

10. ( **D** ) 希爾曼先生人眞好。那間房子他只賣我五百萬元。他三年前花六百萬買的。

   依句意，sold me 之後要接受詞，並且，由下句代名詞 it 可知，爲單數名詞，故選 (D) *the house*。

11. ( **B** ) 你不能只因爲你爸媽不讓你買最新的手機，就那樣子關門。

   依句意，選 (B) *because*。

   \* latest〔'letɪst〕*adj.* 最新的　　*cell phone* 手機

12. ( **C** ) 我有一點失望，因爲考試沒有考好。

   表示「考試考好」要用 *do well on* a test，選 (C)。

   do good 爲「有益處」之意，要用 do good to「對～有益」。

   \* *a little bit* 有一點
     disappointed〔‚dɪsə'pɔɪntɪd〕*adj.* 失望的

13. ( **C** ) 我爸爸總是告訴我，要得到好成績沒有簡單的方法。唯有用功的人才能做到。

   表示「沒有簡單的方法」要用 *there* is no easy way，選 (C)。

   \* grade〔gred〕*n.* 成績　　*make it* 成功；做到

14. ( **C** ) A：我可以幫什麼忙嗎？
     B：是的，請給我兩包麵粉。對了，你們有糖嗎？
     A：當然有。你需要多少？

   (A) 你們有幾包？　　　　　　(B) 這些很貴嗎？

   (C) 對了，你們有糖嗎？　　　(D) 你們有碗和杯子嗎？

   \* flour〔flaʊr〕*n.* 麵粉　　*by the way* 順便一提
     bowl〔bol〕*n.* 碗

15. (**A**) 他們沒有很多錢。他們負擔不起經常外<u>出</u>。

　　　　afford 之後要接名詞或不定詞，故選 (A) *to go*。

　　　　* afford〔ə'ford〕*v.* 負擔得起

第二部分：題組（第 16-41 題，共 26 題）

（16~18）

| To: 所有食品服務員工 |
| --- |
| From: L.R. 王經理 |
| 主題：顧客服務 |
| 　　我非常以我們的速食餐廳為傲，而且我認為我們所有的員工都很努力。但是有一些櫃台人員忘記了某樣重要的事情。你們需要的不只是速度快又正確，還要態度友善。<br><br>　　反覆地幫忙點餐可能會讓你們疲倦，甚至覺得無聊，這是<u>自然的</u>。不過，不要讓這些情緒影響到你對客人的行為舉止。要記住顧客第一。我們認為他非常重要，我們很樂意為他提供最好的服務。所以一定要給客人開朗的微笑。讓他們知道他們對我們很特別，他們就會再回來。 |

【註釋】

service〔'sɜvɪs〕*n.* 服務　　employee〔ˌɛmplɔɪ'i〕*n.* 員工
manager〔'mænɪdʒɚ〕*n.* 經理　　subject〔'sʌbdʒɪkt〕*n.* 主題
serve〔sɜv〕*v.* 服務　　customer〔'kʌstəmɚ〕*n.* 顧客
*be proud of* 以~為傲　　counter〔'kaʊntɚ〕*n.* 櫃台
exact〔ɪg'zækt〕*adj.* 正確的　　order〔'ɔrdɚ〕*n.* 點餐
*take sb.'s order* 幫某人點餐　　*again and again* 一再地
bored〔bord〕*adj.* 無聊的　　natural〔'nætʃərəl〕*adj.* 自然的
affect〔ə'fɛkt〕*v.* 影響　　behave〔bɪ'hev〕*v.* 行為；舉止

consider〔kən'sɪdə〕*v.* 認為　　***consider A (to be) B*** 認為 A 是 B
provide〔prə'vaɪd〕*v.* 提供　　sunny〔'sʌnɪ〕*adj.* 晴朗的；開朗的

16.(**D**) 有關一個工作重複很多次，經理說了什麼？

(A) 忙碌會使這個工作更有趣。

(B) 這個工作應該會變得越來越容易。

(C) 更多的練習有助於員工有進步。

(D) 員工們會慢慢失去活力。

* repeat〔rɪ'pit〕*v.* 重複　　practice〔'præktɪs〕*v.* 練習
  improve〔ɪm'pruv〕*v.* 改善；有進步
  energy〔'ɛnədʒɪ〕*n.* 活力

17.(**B**) 經理為什麼要寫這份文件傳閱？

(A) 員工們動作太慢。

(B) 員工們不夠友善。

(C) 員工們忘記找零錢。

(D) 員工們提供優質的服務。

* memo〔'mɛmo〕*n.* 備忘錄；公司內部傳閱的文件
  change〔tʃendʒ〕*n.* 零錢　　***give change*** 找零錢

18.(**B**) "natural" 這個字是什麼意思？

(A) 綠色的　　　　　　　　(B) 常見的

(C) 有益健康的　　　　　　(D) 溫暖且明亮的

(19～21)

台北是個便利的都市，但交通流量很大。繁忙的交通會造成許多問題，主要的問題有噪音、意外和污染。這些問題也存在於其他的大都市裡。

為了解決這些問題，許多都市都採用了腳踏車共享系統。政府在都市各處設置腳踏車。有些都市的腳踏車是免費的。有些地方只要付少少的費用。現在大約有 30 個不同的國家，採用了腳踏車共享系統。還有更多開始要採用了。

台北市在 2009 年開始採用腳踏車共享系統，稱做「微笑單車」( YouBike )。

## 【註釋】

convenient〔kən'vinjənt〕*adj.* 方便的；便利的
traffic〔'træfɪk〕*n.* 交通；交通流量
heavy〔'hɛvɪ〕*adj.* 重的；繁忙的
accident〔'æksədənt〕*n.* 意外；車禍
pollution〔pə'luʃən〕*n.* 污染
exist〔ɪg'zɪst〕*v.* 存在　　solve〔sɑlv〕*v.* 解決
share〔ʃɛr〕*v.* 分享；共享　　system〔'sɪstəm〕*n.* 系統
government〔'gʌvənmənt〕*n.* 政府　　price〔praɪs〕*n.* 價錢

19. (**C**) 何者不是起因於台北交通繁忙的問題之一？

　　(A) 車禍。　　　　　　　(B) 污染。

　　(C) <u>水。</u>　　　　　　　(D) 噪音。

　　* *result from* 起因於

20. (**B**) 有關 YouBike 何者不正確？

　　(A) 2009 年開始採用。

　　(B) <u>台北採用這個腳踏車共享系統，為了賺更多錢。</u>

　　(C) 有助於政府解決一些問題。

　　(D) 腳踏車被政府設置在各處。

21.( **D** ) 關於本文何者正確？

    (A) 每個都市裡的腳踏車都是免費的。

    (B) 大約有 30 個都市有腳踏車共享系統。

    (C) 台北是唯一一個大都市，有繁忙交通所導致的問題。

    (D) YouBike 是腳踏車共享系統，企圖解決台北的一些問題。

    * intended〔ɪn'tɛndɪd〕*adj.* 打算的；有企圖的

（22～24）

---

        我們的身體是如何運作的呢？風可以吹起一個人嗎？小寶寶在媽媽肚子裡時如何成長的呢？我們不知道，但是里奧納多·達文西知道。他的頭腦靈敏，而且總是有新的想法。

        事實上，「文西」是里奧納多出生的那個小村莊的名字。他的媽媽在農場上工作，而他的爸爸是一位律師。這個小寶寶以他在科學、藝術和發明方面的天分，榮耀了他的出生地。他和其他的青少年不一樣，他喜歡研究很多事物的原理。他經常分解青蛙和蛇，然後試著用不同的方式把牠們組合回去。長大後，他發明了現代武器和有用的機器，做出科學發現，並研究生物如何存活與生長。他也為世人留下了偉大的藝術作品，如「最後的晚餐」和「蒙娜麗莎」。

        很多人會稱他為「天才」，因為他是偉大的科學家、發明家和藝術家。我們也許沒有和他一樣多的天分；然而，我們可以向他學習的是，他對於獲得知識的熱愛。

## 【註釋】

work〔w3k〕v. 運作  n. 作品    carry〔'kærɪ〕v. 搬運
Leonardo da Vinci〔,liə'nɑrdodə'vɪntʃɪ〕n. 達文西【1452-1519，
義大利文藝復興三傑之一】
village〔'vɪlɪdʒ〕n. 村莊    lawyer〔'lɔjə〕n. 律師
glorify〔'glɔrə,faɪ〕v. 使榮耀
birthplace〔'bɝθ,ples〕n. 出生地    talent〔'tælənt〕n. 天分
invention〔ɪn'vɛnʃən〕n. 發明    teenager〔'tin,edʒə〕n. 青少年
*look into* 調查；研究    cause〔kɔz〕n. 原因
*used to V* 過去經常；過去曾經
dissect〔dɪ'sɛkt〕v. 分解；解剖    frog〔frɑg〕n. 青蛙
snake〔snek〕n. 蛇    *put together* 組合
invent〔ɪn'vɛnt〕v. 發明    modern〔'mɑdən〕adj. 現代的
weapon〔'wɛpən〕n. 武器    scientific〔,saɪən'tɪfɪk〕adj. 科學的
discovery〔dɪ'skʌvərɪ〕n. 發現    research〔rɪ'sɝtʃ〕v. 研究
*living thing* 生物    supper〔'sʌpə〕n. 晚餐
genius〔'dʒinjəs〕n. 天才    inventor〔ɪn'vɛntə〕n. 發明家
artist〔'ɑrtɪst〕n. 藝術家    knowledge〔'nɑlɪdʒ〕n. 知識

22.( **D** ) 根據本文，哪一個<u>不是</u>里奧納多‧達文西的發明？

　　(A) 新武器。　　　　　　(B) 有用的機器。

　　(C) 科學工具。　　　　　(D) <u>畫筆。</u>

　　* tool〔tul〕n. 工具
　　　paintbrush〔'pent,brʌʃ〕n. 畫筆；油漆刷子

23.( **B** ) 爲什麼很多人稱里奧納多‧達文西爲天才？

　　(A) 因爲他不必學習就知道很多事情。

　　(B) <u>因爲他在很多方面都展現出卓越的天分。</u>

　　(C) 因爲他喜愛科學和藝術。

　　(D) 因爲他可以記住他見過的一切。

24.( **C** ) 根據本文，你認為里奧納多‧達文西是怎樣的人？

　　(A) 他很不友善，喜歡嘲笑別人。

　　(B) 他很有創意，喜歡炫耀。

　　(C) <u>他對於學習不同種類的事物很有興趣。</u>

　　(D) 他很懶惰，對一切感到厭倦。

　　* ***laugh at*** 嘲笑　　***creative*** 〔 krɪˈetɪv 〕 *adj.* 有創意的
　　***show off*** 炫耀　　***be bored with*** 對～感到厭倦

( 25～26 )

你想要學習有關太空的事嗎？我們可以在天文博物館，學到有關太陽系的事情。我們的太陽系有八顆行星。太陽系裡的每一個行星都不一樣。有些行星很大，有些很小，全部都繞著太陽運行。太陽其實是一顆恆星，會產生能量。月球不是行星，所以沒有繞著太陽運行。月球會發光，是因為反射太陽光。月球的引力會牽引著我們海洋的水流。人們用望遠鏡來研究星星和月球。有了望遠鏡，我們可以看得很遠。有些博物館在屋頂上有望遠鏡。火箭可以帶人進入太空。太空人就是在航行於太空的人。太空人在太空中生活、工作。我們的太陽系只是銀河系的一小部分，而我們的銀河系是全宇宙的一小部分。宇宙如此之大，而我們如此渺小。有太多的事物是我們可以學習和探索的！

【註釋】

　space 〔 spes 〕 *n.* 太空　　solar 〔ˈsolə 〕 *adj.* 太陽的
　***solar system*** 太陽系　　astronomy 〔 əˈstrɑnəmɪ 〕 *n.* 天文學
　museum 〔 mjuˈziəm 〕 *n.* 博物館　　planet 〔ˈplænɪt 〕 *n.* 行星

actually〔'æktʃʊəlɪ〕*adv.* 實際上　　star〔stɑr〕*n.* 恆星；星星
energy〔'ɛnədʒɪ〕*n.* 能量　　shine〔ʃaɪn〕*v.* 發光
reflect〔rɪ'flɛkt〕*v.* 反射　　power〔'paʊə〕*n.* 力量；引力
telescope〔'tɛlə,skop〕*n.* 望遠鏡　　roof〔ruf〕*n.* 屋頂
rocket〔'rɑkɪt〕*n.* 火箭　　astronaut〔'æstrə,nɔt〕*n.* 太空人
galaxy〔'gæləksɪ〕*n.* 銀河系　　universe〔'junə,vɜs〕*n.* 宇宙
explore〔ɪk'splor〕*v.* 探索

25. ( **C** ) 關於我們太陽系中的行星，何者正確？

　　(A) 它們都很大。　　　　(B) 行星會牽引我們海洋的水流。

　　(C) 它們各不相同。　　　(D) 太陽繞著它們運行。

26. ( **D** ) 何者正確？

　　(A) 銀河系和宇宙和太陽系一樣大。

　　(B) 太陽系比宇宙大。　　(C) 宇宙比銀河系小。

　　(D) 銀河系比宇宙小。

( 27～29 )

---

　　　你知道動物寶寶們都有自己的名字嗎？

　　小馬從一出生就會自己站起來，它叫做 foal。熊媽媽照看著她的小寶寶學習爬樹，熊寶寶叫做 cub。虎媽媽照顧她的寶寶，直到它六到八週大，虎寶寶也叫做 cub。鷹寶寶需要 45 天，從蛋裡孵化，鷹爸爸會出去為 eaglet 覓食。鵝寶寶會待在媽媽身邊，等長大一點才學習飛行。鵝寶寶叫做 gosling。袋鼠媽媽從 joeys（小袋鼠）一出生，就把它們帶在育兒袋裡。鹿媽媽會哺育她們的 fawn（幼鹿），直到它們能夠吃固體的食物為止。很有趣，不是嗎？

---

## 【註釋】

**on one's own** 自行；自己    foal〔fol〕*n.* 小馬
cub〔kʌb〕*n.* (熊、獅、虎等肉食動物的) 幼獸
eagle〔'igḷ〕*n.* 鷹    hatch〔hætʃ〕*v.* 孵化
eaglet〔'iglɪt〕*n.* 小鷹
goose〔gus〕*n.* 鵝【複數形為 geese〔gis〕】
gosling〔'gɑzlɪŋ〕*n.* 小鵝    kangaroo〔͵kæŋgə'ru〕*n.* 袋鼠
joey〔'dʒɔɪ〕*n.* 小袋鼠    pouch〔pautʃ〕*n.* 腹袋；育兒袋
birth〔bɝθ〕*n.* 出生    deer〔dɪr〕*n.* 鹿【單複數同形】
nurse〔nɝs〕*v.* 哺乳    fawn〔fɔn〕*n.* 幼鹿
solid〔'sɑlɪd〕*adj.* 固體的    quite〔kwaɪt〕*adv.* 相當地

27. (**A**) 什麼是 joey？

    (A) 袋鼠寶寶。　　　　(B) 袋鼠媽媽。
    (C) 袋鼠的食物。　　　(D) 鹿寶寶。

28. (**B**) 從本文中我們可以得知什麼？

    (A) 小馬要到一個半月大才能站立。
    (B) 虎寶寶和熊寶寶有相同的名字。
    (C) 鷹寶寶在蛋裡面要待上一個月。
    (D) 幼鹿一出生就可以吃固體的食物。

    * **at birth** 一出生

29. (**D**) 根據本文，動物如何照顧它們的寶寶？

    (A) 鹿媽媽照顧寶寶，直到它們可以自己喝奶。
    (B) 虎媽媽在寶寶出生之後，立刻離開它們。
    (C) 鷹媽媽會外出為寶寶覓食。
    (D) 熊媽媽在寶寶學習爬樹時，會照看它們。

    * **right away** 立刻；馬上

（30～32）

> 　　彩虹相當罕見而美麗。人們看見彩虹通常會很興奮。但是如果你曾經看過「月虹」，你應該會覺得更興奮。月虹也非常美麗，而且它們比彩虹更罕見。彩虹發生於光線通過水的時候。水反射光線就會產生彩虹。這就是為什麼我們通常要在雨後，或是瀑布附近看到彩虹。而月虹也需要光線和水。所以彩虹和月虹有什麼不同呢？我們只有在白天才能看到彩虹，但月虹是在晚上看見的。
>
> 　　月虹只可能發生在時機適當的時候。首先，必須是月圓或將近月圓時。第二，月亮必須在天空低處。最後，天空必須很暗。事實上，月虹的顏色和彩虹一樣，然而，它們看起來常常是白色的，因為月光很微弱。月虹通常在黎明前幾小時出現。如果你看見月虹，千萬別看別處！月虹很短暫。當你一回頭，月虹可能就已經消失了。

## 【註釋】

rainbow〔'ren,bo〕*n.* 彩虹　　quite〔kwaɪt〕*adv.* 相當地
rare〔rɛr〕*adj.* 罕見的　　usually〔'juʒʊəlɪ〕*adv.* 通常
excited〔ɪk'saɪtɪd〕*adj.* 興奮的　　moonbow〔'mun,bo〕*n.* 月虹
reflect〔rɪ'flɛkt〕*v.* 反射　　waterfalls〔'watɚ,fɔlz〕*n. pl.* 瀑布
difference〔'dɪfrəns〕*n.* 不同　　daytime〔'de,taɪm〕*n.* 白天
*in the daytime* 在白天　　nearly〔'nɪrlɪ〕*adv.* 幾乎
weak〔wik〕*adj.* 微弱的　　appear〔ə'pɪr〕*v.* 出現
dawn〔dɔn〕*n.* 黎明　　*look away* 把目光移開；看別處
brief〔brif〕*adj.* 短暫的　　*look back* 回頭看；回顧
already〔ɔl'rɛdɪ〕*adv.* 已經　　gone〔gɑn〕*adj.* 消失的

30.( **D** )　從本文我們得知什麼？

　　　　(A) 月虹不如彩虹美麗，因為顏色的關係。

　　　　(B) 我們可以在陽光中看見月虹。

　　　　(C) 月虹發生在月亮高掛在天空的時候。

　　　　(D) <u>要看見月虹並不容易。</u>

　　　　* sunshine〔'sʌnˌʃaɪn〕*n.* 陽光

31.( **B** )　人們何時可能看見月虹？

　　　　(A) 在地震之後。　　　　(B) <u>在幾乎月圓時。</u>

　　　　(C) 在陰曆月裡的前幾天。　(D) 就在太陽下山後。

　　　　* lunar〔'lunɚ〕*adj.* 陰曆的

32.( **C** )　"brief" 這個字是什麼意思？

　　　　(A) 美麗的。　　　　　　(B) 明亮的。

　　　　(C) <u>短暫的。</u>　　　　　　(D) 微弱的。

（33～36）

雪莉國中時很擅長烹飪。然而，她<u>沒有上過烹飪課</u>。在那
　　　　　　　　　　　　　　　　　　　　　　33
時，她只是知道如何把肉變成好吃的菜餚。雪莉最初展現出烹
飪天分時才六歲。有一天當她媽媽<u>在講電話時</u>，雪莉肚子太餓
　　　　　　　　　　　　　　　　34
了，就自己做了炒飯。她的媽媽非常驚訝，很快就決定要教她
烹飪。雖然，對一個小女孩而言，學習烹飪並不簡單，但雪莉
非常樂在其中。

這個優秀的女孩再過十天，<u>將造訪法國</u>，參加一個有名的
　　　　　　　　　　　　　　36
烹飪表演。那裡的人都等不及要認識這位小小天才了。

## 【註釋】

*be good at* 擅長　　*at that time* 在那時
*turn A into B* 把 A 變成 B　　meat〔mit〕 *n.* 肉
dish〔dɪʃ〕 *n.* 菜餚　　talent〔'tælənt〕 *n.* 天分
fry〔fraɪ〕 *v.* 油煎；油炸；炒　　rice〔raɪs〕 *n.* 米；飯
*fried rice* 炒飯　　excellent〔'ɛksḷənt〕 *adj.* 優秀的
*can't wait to V* 等不及~　　genius〔'dʒinɪəs〕 *n.* 天才

33. ( **B** ) 依句意,應是「過去式」,選 (B) *didn't take*。

34. ( **C** ) 表示過去某時正在進行的動作,用「過去進行式」,選 (C) *was talking*。

35. ( **D** ) 這個句子真正主詞是不定詞 to learn…cook,空格應用虛主詞 it,依句意應為過去式,選 (D) *it was*。

36. ( **A** ) 依句意,「再過十天」為未來式,選 (A) *will visit*。

( 37 ~ 41 )

你有聽說過「北風與太陽」嗎?這個故事說到了北風和太
　　　　　　　　　　　　　　　　　　　　　　　　　　　37
陽之間的比賽。他們二位都認為自己比對方強,所以決定來一
　　37　　　　　　　　　　　　　　　　　　35
場比賽。誰能夠使一名路過的旅人脫下外套就算獲勝。
　　　　　　　　　　　　　　39

　　北風開始狂吹。但他吹得越用力,那名旅人就越努力地把
外套裹在自己身上。最後北風只得放棄。然而,當太陽開始照
　　　　　　　　　　　　　　　40　　41
耀時,旅人覺得很熱,再也無法忍受穿著外套了,所以太陽贏
得比賽。這個故事告訴我們,武力並不一定有效。

## 【註釋】

competition〔͵kɑmpə'tɪʃən〕n. 競爭；比賽

contest〔'kɑntɛst〕n. 比賽　　passing〔'pæsɪŋ〕adj. 經過的

blow〔blo〕v.（風）吹　　wrap〔ræp〕v. 包裹

shine〔ʃaɪn〕v. 照耀　　stand〔stænd〕v. 忍受

force〔fors〕n. 武力　　work〔wɝk〕v. 有效；順利進行

37.（ **C** ）(A) either A or B　不是 A 就是 B

(B) neither A nor B　既不是 A 也不是 B

(C) *between A and B*　在 A 和 B 之間

(D) not only A but also B　不只是 A 而且是 B

38.（ **B** ）在「二者」中，其中之一是 one，「另一個」則是 *the other*，
故選 (B)。

39.（ **D** ）(A) turn off　關掉　　　(B) put off　拖延

(C) get off　下車　　　　(D) *take off*　脫掉

40.（ **D** ）(A) show up　出現　　　(B) look up　向上看

(C) pick up　撿起　　　　(D) *give up*　放棄

41.（ **A** ）依句意，前後語氣轉折，應用「然而」，選 (A) *However*。

(B) Besides「此外」，(C) Instead of「而非」，(D) For
example「例如」，均不合。

# TEST 7 詳解

## 聽力測驗（第 1-21 題，共 21 題）

### 第一部分：辨識句意（第 1-3 題，共 3 題）

1. ( **B** ) (A)　　　　　　　(B)　　　　　　　(C)

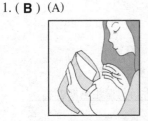

She turned down the invitation. 她拒絕了他的邀請。

\* ***turn down*** 拒絕　　invitation〔͵ɪnvəˋteʃən〕*n.* 邀請

2. ( **A** ) (A)　　　　　　　(B)　　　　　　　(C)

Our plane will land at 12:30. 我們的飛機 12:30 降落。

\* land〔lænd〕*v.* 降落；著陸

3. ( **C** ) (A)　　　　　　　(B)　　　　　　　(C)

I plant lots of fruit and vegetables.

我種了很多蔬菜水果。

\* plant〔plænt〕v. 種植

## 第二部分：基本問答（第 4-10 題，共 7 題）

4. ( **C** ) What should I do for my headache?

我頭痛該怎麼辦？

(A) You can take a trip. 你可以去旅行。

(B) You can make an egg. 你可以煮個雞蛋。

(C) You can take some aspirin. 你可以服用阿斯匹靈。

\* headache〔'hɛd,ek〕n. 頭痛

aspirin〔'æspərɪn〕n. 阿斯匹靈

5. ( **A** ) The train to Tainan will leave in two minutes.

往台南的火車再過兩分鐘就要出發了。

(A) We'll have to run. 我們得用跑的了。

(B) There goes the train. 火車走了。

(C) It's leaving for Tainan. 火車前往台南。

\* leave〔liv〕v. 離開；出發　　*leave for* 前往

6. ( **B** ) What do you like to have as a pet? 你想養什麼寵物？

(A) It's cute. 它很可愛。

(B) A cat or a dog. 貓或狗。

(C) No, I don't like them. 不，我不喜歡它們。

\* pet〔pɛt〕n. 寵物　　cute〔kjut〕adj. 可愛的

7. ( **C** ) It's too hot. Why don't we go to the pool?

太熱了。我們何不去游泳池？

(A) I enjoy eating hot dogs. 我喜歡吃熱狗。

(B) The soup is too hot to eat. 湯太燙了，還不能喝。

(C) That's a good idea. 好主意。

\* soup〔sup〕*n.* 湯　　***too~toV*** 太~而不…

8. ( **B** ) Can you do me a favor? 你可以幫我忙嗎？

(A) Sure. No pain, no gain. 當然。一分耕耘，一分收穫。

(B) Sure. No problem. 當然。沒問題。

(C) Yes, I'm in bed with a fever.

是的，我發燒躺在床上。

\* favor〔'fevɚ〕*n.* 恩惠；幫忙　　***do sb. a favor*** 幫某人的忙
pain〔pen〕*n.* 痛苦　　gain〔gen〕*n.* 獲得
***No pain, no gain.*** 一分耕耘，一分收穫。
fever〔'fivɚ〕*n.* 發燒

9. ( **B** ) What do you want to do today? 你今天想要做什麼？

(A) Today is a beautiful day. 今天天氣真好。

(B) Let's ride our bikes in the park.

我們去公園騎腳踏車。

(C) Please pay attention. 請注意。

\* attention〔ə'tɛnʃən〕*n.* 注意力　　***pay attention*** 注意

10. ( **A** ) Would you hand me that pencil, please?

請把那枝鉛筆拿給我好嗎？

(A) Of course. I'd be happy to. 當然。我很樂意。

(B) Yes, I have many colorful pencils.

是的，我有很多支彩色鉛筆。

(C) Tell me if you need a hand.

如果你需要幫忙就告訴我。

\* hand〔hænd〕*v.* 交給　　*n.* 手；援手；幫助
colorful〔'kʌləfəl〕*adj.* 彩色的；多彩的

**第三部分：言談理解（第 11-21 題，共 11 題）**

11. ( **A** ) M : After I woke up this morning, I washed my face.

男：我今天早上醒來後洗了臉。

W : Really?  After I woke up this morning, I made some sandwiches.

女：眞的嗎？我今天早上醒來之後，做了一點三明治。

Question : What are they talking about?

　　　　他們正在談論什麼？

(A) Their habits.  他們的習慣。

(B) Their jobs.  他們的工作。

(C) Their hobbies.  他們的嗜好。

* **wake up** 醒來　　sandwich〔ˈsændwɪtʃ〕*n.* 三明治

　habit〔ˈhæbɪt〕*n.* 習慣　　hobby〔ˈhɑbɪ〕*n.* 嗜好

12. ( **A** ) M : Does your sister speak English?

男：妳姊姊會說英文嗎？

W : Oh, yes.  And she can speak good French, too.

女：會，而且她也會說法文。

M : That's great.  Then she can teach me English and French, and I can teach her Chinese.

男：那太好了。那麼她可以教我英文和法文，我教他中文。

Question : Which language doesn't the woman's sister speak well?

　　　　這位女士的姊姊哪一種語言說不好？

(A) Chinese.  中文。

(B) French.  法文。

(C) English.  英文。

13. ( **A** ) M : Would you like to eat dinner together this evening?

男：妳今天晚上想不想一起吃晚餐？

W : I'd love to, but I have to study.

女：我很樂意，但是我必須唸書。

M : Well, how about having a snack when you take a break from studying?

男：嗯，那妳唸書休息時，吃個點心如何？

Question : What would the man like to do?

這位男士想要做什麼？

(A) He wants to eat something with her.

他想要和她一起吃點東西。

(B) He wants to study with her in the library.

他想要和她在圖書館唸書。

(C) He wants to make some snacks for her.

他想要為她做一點點心。

* snack〔snæk〕*n.* 點心　　break〔brek〕*n.* 休息
　***take a break*** 休息

14. ( **B** ) M : Where do you prefer to travel?

男：妳比較喜歡去哪裡旅行？

W : New York.

女：紐約。

M : And would you rather eat local food or Chinese food?

男：那妳寧願吃當地的食物或是中國菜？

W : Actually, I'd prefer to eat local food, but I want to eat some of both.

女：事實上，我寧願吃當地的食物，不過我想兩個都吃。

Question : What are they talking about?

他們在談論什麼？

(A) How to travel with friends. 如何和朋友去旅行。

(B) What to eat in New York. 在紐約要吃什麼。

(C) How to cook local food. 如何烹調當地的食物。

* prefer〔prɪˋfɜ〕*v.* 比較喜歡；寧願　**would rather V** 寧願
local〔ˋlokḷ〕*adj.* 當地的　actually〔ˋæktʃʊəlɪ〕*adv.* 事實上

15. ( **A** ) M：Judy, pass me the salt, please.

男：茱蒂，請把鹽遞給我。

W：Sure. Here you are. John, hand me the pepper, please.

女：好的。拿去。約翰，請把胡椒給我。

M：Of course.

男：當然。

Question：What are they doing? 他們正在做什麼？

(A) They are eating in a restaurant.
他正在餐廳吃東西。

(B) They are shopping in a supermarket.
他們正在超市購物。

(C) They are playing a game. 他們正在玩遊戲。

* pass〔pæs〕*v.* 拿給；遞給（ = *hand* ）　salt〔sɔlt〕*n.* 鹽
**Here you are.** 你要的東西在這裡。
pepper〔ˋpɛpɚ〕*n.* 胡椒　shop〔ʃɑp〕*v.* 購物
supermarket〔ˋsupɚͺmɑrkɪt〕*n.* 超級市場

16. ( **B** ) M：Excuse me. When is the next bus to Ilan Museum?

男：對不起。到宜蘭博物館的下一班公車是幾點？

W：It leaves at 8:00 AM.

女：早上八點出發。

M：And how long does it take?

男：那車程要多久？

W : It takes 1 hour and 10 minutes.

女：一小時又 10 分鐘。

M : That's good.  How much is a one-way ticket?

男：好的。單程票一張多少錢？

W : One hundred dollars.

女：100 元。

M : OK.  I'll take one ticket, please.

男：好，我要一張票，謝謝。

Question : Where are they? 他們在哪裡？

(A) At the train station.  在火車站。

(B) At the bus station.  <u>在公車站。</u>

(C) At Ilan Museum.  在宜蘭博物館。

* museum〔mju'ziəm〕*n.* 博物館
  leave〔liv〕*v.* 離開；出發    ***one-way ticket*** 單程票

17. ( **C** )  M : Hi, Alice.  I like your backpack.

男：嗨，愛麗絲。我喜歡妳的背包。

W : Thanks.  It's new.  My mom bought it for me.

女：謝謝。這是新的，我媽媽買給我的。

M : It's really nice.  What is this small pocket for?

男：真的很好看。這個小口袋是做什麼的？

W : It's for pens, pencils and ticket cards.

女：是放筆、鉛筆和票卡的。

Question : What is their relationship?

他們的關係為何？

(A) They are backpackers.  他們是背包客。

(B) They are tourists.  他們是觀光客。

(C) They are classmates.  <u>他們是同班同學。</u>

* backpack〔'bæk,pæk〕*n.* 背包    pocket〔'pɑkɪt〕*n.* 口袋

***ticket card*** 票卡　　relationship〔rɪˋleʃən͵ʃɪp〕*n.* 關係
backpacker〔ˋbæk͵pækɚ〕*n.* 背包客
tourist〔ˋtʊrɪst〕*n.* 觀光客；遊客

18. ( **C** ) W：Did you look at the baby panda and his mother?
　　　　 女：你看了貓熊寶寶和媽媽了嗎？
　　　　 M：Yeah, they were playing on the ground. Which
　　　　　　 animals do you like the best?
　　　　 男：有啊，牠們在地上玩。妳最喜歡哪些動物？
　　　　 W：I like monkeys. They are cute. What about you?
　　　　 女：我喜歡猴子，牠們很可愛。那你呢？
　　　　 M：I like tigers and lions.
　　　　 男：我喜歡老虎和獅子。
　　　　 W：I don't like them. They have sharp teeth and try to
　　　　　　 scare us.
　　　　 女：我不喜歡。牠們牙齒銳利，想要讓我們害怕。
　　　　 M：Oh, well, that's why I like them.
　　　　 男：噢，嗯，這就是我喜歡的原因。
　　　　 Question：Where are they? 他們在哪裡？
　　　　 (A) In a park. 在公園裡。
　　　　 (B) In a pet store. 在寵物店裡。
　　　　 (C) In a zoo. <u>在動物園裡。</u>
　　　　 * panda〔ˋpændə〕*n.* 貓熊　　ground〔graʊnd〕*n.* 地面
　　　　　 sharp〔ʃɑrp〕*adj.* 尖銳的；銳利的　　scare〔skɛr〕*v.* 使害怕
　　　　　 pet〔pɛt〕*n.* 寵物

19. ( **B** ) W：What are you doing now?
　　　　 女：你現在在做什麼？
　　　　 M：I'm going to bathe my dog. Do you want to help me?
　　　　 男：我要去幫我的狗洗澡。妳要幫我嗎？

W : No, thanks.  What are you doing after that?

女：不，謝謝。你接下來要做什麼？

M : I'm going to feed her and then we're going for a walk
in the park.

男：我要餵牠吃飯，然後我們就到公園去散步。

W : Can I come with you?

女：我可以和你一起去嗎？

M : Sure!

男：當然可以！

Question : What is the man going to do first?

這位男士第一個要做什麼事？

(A) He is going to walk his dog.  他要去遛狗。

(B) He is going to clean his dog.  <u>他要清洗他的狗。</u>

(C) He is going to feed his dog.  他要餵狗。

\* bathe〔beð〕*v.* 為～洗澡　　feed〔fid〕*v.* 餵食
***go for a walk*** 去散步　　walk〔wɔk〕*v.* 遛（狗）

20. ( **C** )　W : I'm thinking about buying orange running shoes.
What do you think?

女：我正在考慮買橘色的跑步鞋。

M : I would get something that's not quite so bright.

男：我想要買不那麼亮的。

W : Maybe you are right.  Oh, look at these brown
sunglasses.  Do you think they look good on me?

女：也許你說得對。噢，你看這副棕色的太陽眼鏡。你覺得
我戴起來好看嗎？

M : Great.  They're really cool.

男：很棒。這副眼鏡真的很酷。

Question : What will the woman buy?

這位女士要買什麼？

(A) Orange running shoes. 橘色的跑步鞋。

(B) Bright clothes. 明亮的顏色。

(C) <u>Brown sunglasses. 棕色的太陽眼鏡。</u>

* quite〔kwaɪt〕*adv.* 相當地　　bright〔braɪt〕*adj.* 明亮的
　sunglasses〔'sʌn,glæsɪz〕*n. pl.* 太陽眼鏡
　cool〔kul〕*adj.* 涼爽的；很酷的

21. ( **A** ) W：George, what's this I hear about you going to Jack's house on Saturday?  You told me you couldn't come to my birthday party because you had to study.

女：喬治，我聽說你星期六去傑克家，可是你告訴我，你不能來我的生日派對，因爲你要唸書。

M：I know.  I'm sorry.  Jack had asked me to come over and watch a game.

男：我知道，抱歉。傑克先邀請我來看比賽的。

W：So why did you have to make up a story?

女：所以你必須要編故事？

M：I thought you'd be really upset, Cathy.

男：我想你會很不高興，凱西。

W：I wouldn't have been, but I am now.

女：我本來不會，但現在我很不高興。

Question：Why is Cathy upset with George?

凱西爲什麼對喬治生氣？

(A) <u>He lied to her. 他對她說謊。</u>

(B) He forgot her birthday. 他忘記她的生日。

(C) He came to the party late. 他去生日派對遲到了。

* ***make up*** 虛構　　upset〔ʌp'sɛt〕*adj.* 不高興的；生氣的
　lie〔laɪ〕*v.* 說謊

## 閱讀測驗（第 1-41 題，共 41 題）

### 第一部分：單題（第 1-15 題，共 15 題）

1. (**D**) 請看本圖。"carpool" 這個字是什麼意思？

   (A) 一輛車在游泳池。
   (B) 一輛車只有一個人。
   (C) 許多人在游泳池。
   (D) 每輛車裡有兩人或兩人以上。

   * carpool〔'kɑr,pul〕*n.* 汽車共乘　　vehicle〔'viɪkḷ〕*n.* 車輛

2. (**A**) 全世界的雨林都有危險了，我們必須照顧它們。

   (A) **look after** 照顧 ( = *take care of* )
   (B) take after 相像 ( = *be/look like* )
   (C) look for 尋找
   (D) take care 照顧【應用 take care *of*】

   * rainforest〔'ren,fɔrɪst〕*n.* 雨林　　***in danger*** 有危險

3. (**B**) A: 妳在購物中心裡還要買其他東西嗎？
   B: 不，什麼都不買了。我沒錢。

   else 要放在代名詞之後，且疑問句中應用 anything，
   故選 (B) ***anything else***。

   * mall〔mɔl〕*n.* 購物中心

4. (**B**) 四公尺高的網子架設起來，蝴蝶就可以受到保護，免於傷害。

   protect 接受詞，後面要接 from N/V-ing，應寫成：
   ***from harm*** 或 from being harmed；另外，網子應是
   「被架設」，要用被動 ***are set up***，故選 (B)。

   * butterfly〔'bʌtɚ,flaɪ〕*n.* 蝴蝶　　protect〔prə'tɛkt〕*v.* 保護
   meter〔'mitɚ〕*n.* 公尺　　net〔nɛt〕*n.* 網子　　***set up*** 設立

5. ( **D** ) 我們的花園裡種植了<u>各種</u>蔬菜。

依句意選 (D) **all kinds of**「各種」。(A) a kind of「一種」，要接單數名詞，(B) kinds of 用法不合，kinds 前面要接 all, many, several 等複數量詞，而(D) kind of 則為副詞，表示「有點」之意，均不合。

\* grow〔gro〕v. 種植　　garden〔'gɑrdn̩〕n. 花園

6. ( **C** ) 我<u>很少</u>去跳舞。事實上，我舞跳得不好。

(A) as usual　照常；一如往常

(B) usual〔'juʒʊəl〕adj. 經常的；常見的

(C) **unusual**〔ʌn'juʒʊəl〕adj. 不尋常的；很少的

(D) usually〔'juʒʊəlɪ〕adv. 通常

7. ( **C** ) 這位老師決定學生的成績，是<u>根據</u>他們的考試分數和回家作業。

(A) create〔krɪ'et〕v. 創造

(B) decide〔dɪ'saɪd〕v. 決定

(C) **according to**　根據

(D) catch〔kætʃ〕v. 抓住

\* grade〔gred〕n. 分數；成績　　score〔skor〕n. 分數；成績
homework〔'hom,wɝk〕n. 家庭作業

8. ( **C** ) 那件夾克很舊了。你為什麼不把它<u>丟掉</u>？

(A) get in with　結交　　　　(B) get back to　回到

(C) **get rid of**　除去；丟掉　　(D) get away with　帶走

\* jacket〔'dʒækɪt〕n. 夾克

9. ( **B** ) 我真的很喜歡「冰雪奇緣」。這是一部<u>很棒的</u>電影。

(A) married〔'mærɪd〕adj. 已婚的

(B) **fantastic**〔fæn'tæstɪk〕adj. 很棒的

(C) warm〔wɔrm〕*adj.* 溫暖的

(D) favorite〔ˈfevərɪt〕*adj.* 最喜歡的

* frozen〔ˈfrozn̩〕*adj.* 冰凍的【在此爲電影名「冰雪奇緣」】

10. ( **A** ) 要<u>使</u>小孩<u>冷靜下來</u>的好方法之一，就是唱歌給他或她聽。

(A) ***calm down*** （使）冷靜

(B) turn down 轉小聲；婉拒

(C) sit down 坐下　　　(D) call up 打電話；召集

11. ( **A** ) 吃起來味道如何？請告訴我<u>實話</u>，無論好吃不好吃。

(A) ***truth***〔truθ〕*n.* 事實　　***tell the truth*** 說實話

(B) true〔tru〕*adj.* 眞實的；眞正的

(C) truly〔ˈtrulɪ〕*adv.* 眞實地；實在地

(D) truthful〔ˈtruθfəl〕*adj.* 誠實的；眞實的

* taste〔test〕*v.* 吃起來；品嚐

12. ( **D** ) 你午餐後會覺得有點想睡覺嗎？不要喝咖啡！<u>反之</u>，小睡一下。

依句意選 (D) ***Instead***「反之」。(A) as well「也」，要放在句尾，(B) However「然而」句意不合，而 (C) despite「儘管」是介系詞，均不合。

* sleepy〔ˈslipɪ〕*adj.* 想睡的　　reach〔ritʃ〕*v.* 到達；伸手
***reach for*** 伸手去拿　　nap〔næp〕*n.* 小睡
***take a nap*** 小睡片刻

13. ( **B** ) 每當我們需要時，就可以使用公共腳踏車。<u>此外</u>，騎腳踏車有助於人們保持健康。

(A) addition〔əˈdɪʃən〕*n.* 增加

(B) ***in addition*** 此外【副詞】

(C) in addition to 除了～之外【介系詞】

(D) add up 加起來【動詞】

14.( C ) 這個研究顯示，看太多<u>動作</u>片的小孩長大很容易和別人打架。

　　(A) pocket〔ˋpɑkɪt〕 n. 口袋

　　(B) comic〔ˋkɑmɪk〕 adj. 喜劇的

　　(C) **action**〔ˋækʃən〕 n. 動作　　**action movie** 動作片

　　(D) sports〔sports〕 adj. 運動的

　　* fight〔faɪt〕 n. 打架

15.( B ) 我每天都<u>上網</u>，但是我在網路上一次從來不超過半小時。

　　(A) go at　襲擊

　　(B) **get on**　登上　　**get on the Internet**　上網

　　(C) go into　進入

　　(D) get to　到達

## 第二部分：題組（第 16-41 題，共 26 題）

（16～18）

有些顏色能使你感到放鬆，而有些會給予你精力是嗎？所以很多人相信，顏色可以影響我們的感情。溫暖、明亮的顏色，像是黃色、紅色和橘色是活躍主動的顏色，可以鼓勵對話。冷色系，像是藍色、紫色和綠色，是令人放鬆的顏色，可以幫助人體驗安靜的感覺。

我們知道橘色會使人感到飢餓，所以許多餐廳都會漆這個顏色。黃色是一個溫暖、令人精力充沛的顏色，它也是一個適合廚房的顏色，因為有助於早餐時間清醒。現在就看看你周遭牆壁的顏色吧。是否適合你的愛好呢？

【註釋】

relaxed〔rɪ'lækst〕*adj.* 放鬆的　　energy〔'ɛnədʒɪ〕*n.* 能量；精力

affect〔ə'fɛkt〕*v.* 影響　　bright〔braɪt〕*adj.* 明亮的

active〔'æktɪv〕*adj.* 主動的；活躍的　　encourage〔ɪn'kɝɪdʒ〕*v.* 鼓勵

relaxing〔rɪ'læksɪŋ〕*adj.* 令人放鬆的

experience〔ɪk'spɪrɪəns〕*v.* 經歷；體驗　　quiet〔'kwaɪət〕*adj.* 安靜的

energizing〔'ɛnə,dʒaɪzɪŋ〕*adj.* 令人精力充沛的

*wake up* 醒來　　suit〔sut〕*v.* 適合　　taste〔test〕*n.* 喜好

16. (**A**) 哪些顏色讓人想說話？

　　(A) 黃色和紅色。　　　　(B) 藍色和綠色。

　　(C) 藍色和黑色。　　　　(D) 橘色和紫色。

　　* *feel like* 想要

17. (**B**) 哪個顏色讓你早上清醒？

　　(A) 粉紅色。　　　　(B) 黃色。

　　(C) 橘色。　　　　(D) 灰色。

　　* awake〔ə'wek〕*adj.* 醒著的　　gray〔gre〕*n.* 灰色

18. (**D**) 「而有些會給予你精力」這句話中，有些指的是什麼？

　　(A) 人們。　　　　(B) 地方。

　　(C) 活動。　　　　(D) 顏色。

　　* *refer to* 指　　activity〔æk'tɪvətɪ〕*n.* 活動

(19～21)

　　　　一整天坐在電腦前面很容易，但是那能使你覺得健康嗎？你的身體需要運動。查看電子郵件對那沒有幫助。運動在許多不同方面都對你有好處。有些方面也許會使你驚訝。

運動對你的精神以及你的身體都有好處。例如，運動可以改善你的感覺。如果你心裡難過，試著去從事運動項目，或是去騎騎腳踏車。你的身體在運動時，會傳送訊息給你的大腦。這些訊息可以使你感覺很好。這很簡單，但是對你的感覺有很大的影響。運動也會讓你放鬆，抒解壓力。它甚至可以幫助你睡得更好。

接下來，還有一些大家都知道的好處。運動幫助你維持體態、保持苗條。它可以給予你精力，並有助於預防疾病。不要忘記還有一件重要的事情：運動可以非常有趣的！

【註釋】

check〔tʃɛk〕v. 查看　　surprise〔sə'praɪz〕v. 使驚訝
mind〔maɪnd〕n. 精神　　improve〔ɪm'pruv〕v. 改善
*go for a bike ride* 去騎腳踏車　　message〔'mɛsɪdʒ〕n. 訊息
brain〔bren〕n. 大腦　　*make a difference* 有差別；有影響
*get rid of* 除去　　stress〔strɛs〕n. 壓力
benefit〔'bɛnəfɪt〕n. 好處　　stay〔ste〕v. 維持；保持
shape〔ʃep〕n. 外形；狀態　　*stay in shape* 維持體態；保持健康
prevent〔prɪ'vɛnt〕v. 預防

19.（**C**）本文主旨為何？

(A) 運動對某些人有好處。　　(B) 運動預防疾病。

(C) 運動使你更健康、更快樂。

(D) 運動可以幫助你睡得更好。

20.（**D**）在運動時，身體傳送訊息到哪裡？

(A) 到肌肉。　　(B) 到肺臟。　　(C) 到雙腳。　　(D) 到大腦。

　＊ muscle〔'mʌsl̩〕n. 肌肉　　lung〔lʌŋ〕n. 肺臟

21. ( **A** ) 運動可以幫助你做到哪兩件事情？

    (A) 放鬆和抒解壓力。    (B) 傳送訊息和查看電子郵件。

    (C) 感到驚訝和保持微笑。    (D) 玩得愉快和騎腳踏車。

    * *have fun* 玩得愉快

**( 22～24 )**

> 有兔子曾經在你的花園偷吃植物嗎？如果有的話，那你就可以欣賞到老鷹在天空中盤旋的景象。老鷹不吃植物，但牠們吃動物。牠們透過環境中一個基本的食物鏈，從植物那裡得到能量。
>
> 食物鏈顯示了動物如何互相依賴，以取得食物。所有生物都向太陽借來能量。太陽給予植物能量。植物利用這些能量做為食物。當動物吃掉植物時，就從植物那裡得到能量。然後，肉食性動物再吃掉那隻動物，也得到能量。能量透過食物鏈來傳遞。
>
> 例如，兔子吃掉你媽媽花園裡的紅蘿蔔。牠得到能量才能持續行動。一隻老鷹捕食兔子，把牠當晚餐吃掉。能量從紅蘿蔔傳到老鷹身上。每一隻肉食性動物，都是以這種方式得到能量的。肉食性動物也要依賴植物以生存。

【註釋】

plant〔plænt〕*n.* 植物    sight〔saɪt〕*n.* 看見；景象
eagle〔'iɡḷ〕*n.* 老鷹    above〔ə'bʌv〕*adv.* 在上方
basic〔'besɪk〕*adj.* 基本的    chain〔tʃen〕*n.* 鍊子
*food chain* 食物鏈    environment〔ɪn'vaɪrənmənt〕*n.* 環境

> *depend on* 依賴　　living〔ˋlɪvɪŋ〕*adj.* 活的
> *living thing* 生物　　borrow〔ˋbaro〕*v.* 借出
> *meat-eating adj.* 食肉的　　travel〔ˋtrævḷ〕*v.* 行進；傳導
> carrot〔ˋkærət〕*n.* 紅蘿蔔　　move〔muv〕*v.* 移動；行動
> hunt〔hʌnt〕*v.* 獵捕；捕食　　*in this way* 以這種方法／方式

22. ( **A** ) 植物如何使用太陽的能量？

　　(A) 做為食物。　　　　　　　(B) 為了能量。

　　(C) 為了生長。　　　　　　　(D) 為了光線。

　　＊ light〔laɪt〕*n.* 光線

23. ( **C** ) 兔子從哪裡得到能量？

　　(A) 老鷹。　　(B) 你的媽媽。　　(C) 紅蘿蔔。　　(D) 太陽。

24. ( **D** ) 到最後，食物鏈是如何運作的？

1　　　　　2　　　　　3　　　　　4

　　(A) 3→1→4→2　　　　　(B) 2→4→1→3

　　(C) 1→3→2→4　　　　　(D) 4→1→3→2

　　＊ *in the end* 到最後　　work〔wɝk〕*v.* 運作

( 25～27 )

　　　　大約一萬四千年前，人類和狗開始了持續多年的合作關係。例如，有些醫院讓治療犬進入，為病人帶來愛和激勵。牠們幫助小孩和大人，在長期住院期間，能夠保持健壯，有些人表示，甚至能幫助他們情況好轉。

　　有些米格魯小獵犬在機場爲政府工作。他們屬於一個被稱爲「米格魯小隊」的計劃。這種狗很適合這類型的工作，因爲牠們的鼻子非常靈敏，擅長追蹤氣味。米格魯小隊的工作就是，去聞進入國家的每一樣東西。牠們會警告海關官員，行李或郵包中違法的水果、蔬菜和其他食物。米格魯做這種工作，比任何人類都強多了。

　　狗在很多方面都對人類很有用處，而對狗而言，也有非常多好處。牠們也永遠是「人類最好的朋友」。

## 【註釋】

human〔'hjumən〕*adj.* 人類的　*n.* 人　　***human being*** 人
partnership〔'pɑrtnɚ͵ʃɪp〕*n.* 合作關係　　last〔læst〕*v.* 持續
therapy〔'θɛrəpɪ〕*n.* 治療法　　cheer〔tʃɪr〕*n.* 鼓勵；激勵
patient〔'peʃənt〕*n.* 病人　　adult〔ə'dʌlt〕*n.* 成人
suggest〔sə(g)'dʒɛst〕*v.* 建議；暗示
beagle〔'bigḷ〕*n.* 米格魯小獵犬　　government〔'gʌvɚnmənt〕*n.* 政府
program〔'progræm〕*n.* 計劃　　brigade〔brɪ'ged〕*n.* 小隊
type〔taɪp〕*n.* 類型　　powerful〔'pauɚfəl〕*adj.* 強有力的
ability〔ə'bɪlətɪ〕*n.* 能力　　track〔træk〕*v.* 追蹤
smell〔smɛl〕*n.* 味道；氣味　*v.* 聞味道　　alert〔ə'lɝt〕*v.* 警告
officer〔'ɔfəsɚ〕*n.* 官員　　illegal〔ɪ'ligḷ〕*adj.* 違法的
luggage〔'lʌgɪdʒ〕*n.* 行李　　mail〔mel〕*n.* 郵件
plenty〔'plɛntɪ〕*n.* 豐富　　***plenty of*** 很多的；大量的
advantage〔əd'væntɪdʒ〕*n.* 優點　　forever〔fɚ'ɛvɚ〕*adv.* 永遠

25. (**C**) 作者寫作的目的是

　　(A) 建議狗狗應該接受更好的照顧。

　　(B) 比較狗狗和其他有幫助的動物。

　　(C) 舉出狗如何與人類互動的例子。

　　(D) 顯示狗狗多年來如何都沒有改變。

　　* author〔ˋɔθɚ〕 *n.* 作者　　　purpose〔ˋpɝpəs〕 *n.* 目的
　　*care for* 照顧　　　compare〔kəmˋpɛr〕 *v.* 比較 < *to/with* >
　　interact〔ˏɪntɚˋækt〕 *v.* 互動 < *with* >

26. ( **D** ) 根據本文,有些治療犬
　　　(A) 要聞所有東西的氣味。　　(B) 要去上英文課。
　　　(C) 為牠們的主人工作。　　　(D) 會去探望病人。
　　　* owner〔ˋonɚ〕 *n.* 主人

27. ( **D** ) 根據本文,米格魯小獵犬
　　　(A) 可能很危險。　　　　　(B) 能夠保護小孩。
　　　(C) 可以為人們帶來慰藉。　　(D) 擅長尋找東西。
　　　* comfort〔ˋkʌmfɚt〕 *n.* 舒適;安慰;慰藉

（28～31）

　　　　你最喜歡的食物是從哪裡來的呢?事實可能會使你很驚訝。

　　　　首先,我們先提咖哩。你知道咖哩不是印度的嗎?許多人認為,英國人在 17 世紀時,從印度人那裡發現了咖哩。但事實上,早在英國的船隻航行到印度之前數百年,英國的富人就在用咖哩香料烹煮食物了。事實上,「咖哩」這個字出現在英語中,可以回溯到 1377 年。英國富有人家的廚師會設計咖哩料理,後來這些菜餚在英國其他地區都很受歡迎。

　　　　至於披薩,這種食物最初可能是在波斯(現在的伊朗)製作的。波斯人在第六世紀時,會吃圓形扁平、加了起司的麵包——將近一千年後,披薩才在義大利的那不勒斯流行起來!

【註釋】

favorite〔'fevərɪt〕*adj.* 最喜歡的　　truth〔truθ〕*n.* 事實

surprise〔sə'praɪz〕*v.* 使驚訝　　curry〔'kɜɪ〕*n.* 咖哩

Indian〔'ɪndɪən〕*adj.* 印度的　　reality〔rɪ'ælətɪ〕*n.* 事實

*in reality* 事實上　　spice〔spaɪs〕*n.* 香料

British〔'brɪtɪʃ〕*adj.* 英國的　　cook〔kʊk〕*n.* 廚師

create〔krɪ'et〕*v.* 創造　　dish〔dɪʃ〕*n.* 菜餚

later〔'letə〕*adv.* 後來　　*as for* 置於

probably〔'prɑbəblɪ〕*adv.* 可能地　　Persia〔'pɜʃə〕*n.* 波斯

Iran〔i'rɑn, aɪ'ræn〕*n.* 伊朗　　Persian〔'pɜʃən〕*n.* 波斯人

flat〔flæt〕*adj.* 平的　　*catch on* 流行；受歡迎

Neples〔'neplz〕*n.* 那不勒斯【位於義大利南部】

Italy〔'ɪtlɪ〕*n.* 義大利【位於歐洲南部，首都羅馬（Rome）】

28.（**D**）本文的主旨爲何？

(A) 咖哩是英國製造的。　　(B) 有很多食物對身體有幫助。

(C) 人們在很久以前做出了披薩。

(D) <u>有些食物來自令人驚訝的地方。</u>

29.（**B**）有關第 15 世紀英國的咖哩料理，何者可能是正確的？

(A) 這種料理裡面沒有肉。

(B) <u>這些香料很貴。</u>【因爲富人才吃得起】

(C) 人們在特別的日子裡才吃咖哩。

(D) 英國的水手最早做出咖哩。

\* meat〔mit〕*n.* 肉　　sailor〔'selə〕*n.* 水手

30.（**A**）那不勒斯的人從波斯人那裡學到了什麼？

(A) <u>如何製作披薩。</u>　　(B) 如何料理起司。

(C) 如何使用來自伊朗的香料。

(D) 如何製作扁平的麵包。

31.( **C** ) 你認為 "caught on" 這個成語是什麼意思？

　　　(A) 很美味　　　　　　(B) 被製作

　　　(C) 變流行　　　　　　(D) 變富有

　　*idiom〔ˋɪdɪəm〕 *n.* 成語；慣用語

（32～34）

---

　　　熱帶氣旋在亞洲稱為颱風，在南北美洲則稱為颶風。這些暴風像輪子一樣從右向左旋轉。世界氣象組織（WMO）是一個國際的氣象團體，負責決定使用哪些名字。WMO 使用英文的字母系統，做了六個名字一覽表。每個表每六年使用一次。當一個颶風發生，就會得到那一年表上的下一個名字。例如，一年的第一個颶風名字可能是 Abel，而第二個就是 Betty。表裡並沒有以 Q、U、X、Y 和 Z 起首的名字，因為以這些字母起首的名字非常少。亞洲國家使用的則是一個不同的表，是由 WMO 的颱風委員會所列出的。這個表裡有一些人名，但大部分的名字都是花、動物、樹，和類似東西的名字。

---

【註釋】

　tropical〔ˋtrɑpɪkḷ〕 *adj.* 熱帶的　　cyclone〔ˋsaɪklon〕 *n.* 氣旋

　typhoon〔taɪˋfun〕 *n.* 颱風　　Asia〔ˋeʒə〕 *n.* 亞洲

　hurricane〔ˋhɝɪˏken〕 *n.* 颶風　　***go around*** 旋轉

　wheel〔hwil〕 *n.* 輪子

　meteorological〔ˏmitɪərəˋlɑdʒɪkḷ〕 *adj.* 氣象學的

　organization〔ˏɔrgənəˋzeʃən〕 *n.* 組織

　international〔ˏɪntɚˋnæʃənḷ〕 *adj.* 國際的　　list〔lɪst〕 *n.* 名單

　alphabet〔ˋælfəˏbɛt〕 *n.* 字母系統　　occur〔əˋkɝ〕 *v.* 發生

　include〔ɪnˋklud〕 *v.* 包括　　***make up*** 製作

committee〔kə'mɪtɪ〕*n.* 委員會　　personal〔'pɜsnḷ〕*adj.* 個人的
similar〔'sɪmələ〕*adj.* 類似的

32. ( **D** ) 哪一個名字颱風絕對不會有？

(A) Rita。　　　　　　(B) Veronica。

(C) William。　　　　(D) Yale。

33. ( **D** ) 2015 年的第三個颱風可能叫做什麼名字？

(A) Ben。　　　　　　(B) Danny。

(C) Eric。　　　　　　(D) Connie。

34. ( **C** ) 颱風朝著什麼方向旋轉？

(A) 向下。　　　　　　(B) 和時鐘同方向。

(C) 和時鐘反方向。　　(D) 到處。

　　* direction〔də'rɛkʃən〕*n.* 方向
　　　opposite〔'ɑpəzɪt〕*adj.* 相反的

( 35～37 )

> 乒乓球開始於 1880 年代的英國，通常也被稱為桌球。
> 　　　　　　　　　　　　　　　　　　　　 35
> 它開始是一個晚餐後的活動，人們偶爾會在派對上玩這個遊
> 　　 36
> 戲，因為天氣太冷了，不能打網球。這些年來，乒乓球已經
> 　　　　　　　　　　　 37
> 成為全世界最受歡迎的運動之一。

【註釋】

*ping-pong* 乒乓球　　*table tennis* 桌球
activity〔æk'tɪvətɪ〕*n.* 活動　　tennis〔'tɛnɪs〕*n.* 網球

35.( **C** ) 乒乓球也「被稱為」桌球，為被動，故選 (C) *called*。

36.( **B** ) 依句意，開始「是」⋯，介系詞用 *as*，選 (B)。

37.( **A** ) 依句意，「太～而不能⋯」，要用 too～to V，選 (A) *to play*。

( 38～41 )

　　　　　我們身邊到處都有手機。我們使用手機來打電話給朋友、傳簡訊、玩遊戲，甚至拍照。現在你想像一下，用手機打電話
　　　　 38　　　　　　　　　　　　　　　 39
給你的冷氣機。然後可以在你到家之前，叫冷氣機開機。這
　　　　　　　　　　　　　　　　　　　　　　　 40
對你來說聽起來不可能嗎？嗯，這可能會比你認為的更快成為可能。
　 41

【註釋】

*cell phone* 手機　　*take pictures* 拍照
imagine〔ɪˈmædʒɪn〕v. 想像　　*air conditioner* 冷氣機
sound〔saʊnd〕v. 聽起來

38.( **A** ) 依句意，選 (A) *text messages*「傳簡訊」。

39.( **C** ) imagine 之後要接動名詞做受詞，故選 (C) *using*。

40.( **C** ) (A) turn up　向上翻；出現　　(B) turn down　向下翻；拒絕
　　　　　 (C) *turn on*　打開　　　　　 (D) turn off　關掉

41.( **B** ) 依句意，這件事很快就會成為「可能」，而 become 之後應接形容詞，故選 (B) *possible*。

# TEST 8 詳解

## 聽力測驗（第 1-21 題，共 21 題）

第一部分：辨識句意（第 1-3 題，共 3 題）

1. ( **A** ) (A)　　　　　　(B)　　　　　　(C)

Tom was late for school because of a traffic jam.

湯姆因爲塞車，上學遲到了。

*  ***traffic jam*** 交通阻塞；塞車

2. ( **C** ) (A)　　　　　　(B)　　　　　　(C)

Lucy got very angry with her boyfriend and didn't want
to talk to him. 露西對她的男朋友非常生氣，不想和他說話。

3. ( **B** ) (A)　　　　　　(B)　　　　　　(C)

A reporter is asking Mr. Wang a few questions.

一位記者正在問王先生一些問題。

\* reporter〔rɪ'portə〕n. 記者

## 第二部分：基本問答（第4-10題，共7題）

4. ( **C** ) Why didn't you buy beef and pork?

你為什麼沒有買牛肉和豬肉？

(A) Sweet-and-sour pork tastes delicious.

糖醋豬肉吃起來很好吃。

(B) I also bought some vegetables. 我也買了一些蔬菜。

(C) Meat was too expensive today. 今天的肉太貴了。

\* beef〔bif〕n. 牛肉   pork〔pɔrk〕n. 豬肉

*sweet-and-sour* 酸酸甜甜的；糖醋的

5. ( **A** ) Happy birthday!  This is for you. 生日快樂！這個送給你。

(A) Oh, really?  Thank you. 哦，真的嗎？謝謝你。

(B) That's all right. 沒關係。

(C) Thanks.  How much is it? 謝謝。多少錢？

6. ( **C** ) Have you ever been to any foreign countries?

你曾經去過外國嗎？

(A) No, I've never seen any foreigners before.

不，我以前從來沒見過外國人。

(B) Yes, it's a great country. 有，那是一個很棒的國家。

(C) Yes, I went to Japan once. 有，我去過日本一次。

\* *have been to* 曾經去過   foreign〔'fɔrɪn〕*adj.* 外國的

country〔'kʌntrɪ〕n. 國家   foreigner〔'fɔrɪnə〕n. 外國人

once〔wʌns〕*adv.* 一次

7. ( **B** ) I lost Kevin's CDs.  What am I going to do?

我把凱文的 CD 弄丟了。我該怎麼辦？

(A) Yes, you can go. 是的，你可以走了。

(B) Why don't you tell him the truth?
    你何不跟他說實話？

(C) No, you are not. 不，你不是。

8. ( **A** ) Why do you look so down? 你為什麼看起來這麼沮喪？

(A) I can't go hiking with my classmate.
    我不能和同學去健行。

(B) Cheer up, Tom. 振作一點，湯姆。

(C) It's very nice of you. 你人真好。

\* down〔daʊn〕*adj.* 消沈的；沮喪的　　*go hiking* 去健行
*cheer up* 振作一點

9. ( **B** ) Excuse me. May I take your order now?
    不好意思。我現在可以幫你點餐了嗎？

(A) It's OK. I can wait. 沒關係。我可以等。

(B) I'm sorry. I'm not quite ready. 抱歉。我還沒好。

(C) No, it's too late. 不，已經太遲了。

\* order〔ˈɔrdɚ〕*n.* 點餐　　*take sb.'s order* 幫某人點餐

10. ( **B** ) What lesson is he on? 他現在上到第幾課了？

(A) He's on English lesson. 他現在在上英文課。

(B) He's on Lesson Ten. 他現在上到第十課了。

(C) Lesson Eight is quite easy. 第八課相當簡單。

第三部分：言談理解（第 11-21 題，共 11 題）

11. ( **B** ) M：Did you see my notebook?
    男：妳有看到我的筆記本嗎？

W：Yes. I saw it on the desk, next to the dictionary.
女：有啊。我看到它在書桌上，在字典旁邊。

M：Oh, there it is.　Thanks.

男：噢，在那裡。謝謝。

Question：What is the man looking for?

這位男士在找什麼？

(A) His dictionary.　他的字典。

(B) His notebook.　他的筆記本。

(C) His desk.　他的書桌。

\* notebook〔'not,bʊk〕*n.* 筆記本　***next to*** 在…旁邊

dictionary〔'dɪkʃən,ɛrɪ〕*n.* 字典　***look for*** 尋找

12. ( **B** ) M：Hi, Mary.　How was your weekend?

男：嗨，瑪麗。妳的週末過得如何？

W：It was ok.　I saw a new movie.

女：還好。我看了一場新的電影。

M：What did you think of it?

男：妳覺得電影如何？

W：Oh, hmm… I almost fell asleep.

女：哦…嗯…我差點睡著了。

Question：How was the movie?　這部電影如何？

(A) It was exciting.　很刺激。

(B) It was boring.　很無聊。

(C) It was sad.　很悲傷。

\* almost〔'ɔl,most〕*adv.* 幾乎；差一點　***fall asleep*** 睡著

exciting〔ɪk'saɪtɪŋ〕*adj.* 刺激的　boring〔'borɪŋ〕*adj.* 無聊的

13. ( **C** ) W：Why don't you join us for dinner tonight?

女：你今晚為什麼不和我們一起吃晚餐？

M：I'd like to, but I can't.　My parents aren't at home so I have to stay home and babysit my little sister.

男：我也很想啊，但是不行。我爸媽不在家，所以我必須待在家裡照顧我小妹。

W : That's too bad.

女： 那太可惜了。

Question : Why can't the man have dinner with his
friends?  這位男士爲什麼不能和他朋友吃晚餐？

(A) He needs to take care of his parents.

他必須照顧他的爸媽。

(B) He has to do his homework.  他必須做作業。

(C) He can't leave his sister at home on her own.

他不能把妹妹單獨留在家裡。

* babysit〔'bebɪ,sɪt〕*v.* 當臨時保姆

14. ( **C** ) W : Dad.  Can you help me with my homework?  It's so
difficult!

女： 爸爸，你可以幫忙我的作業嗎？好難喔！

M : OK, but you have to do it by yourself first.  If there's
any question you don't understand, then you can
come and ask me.

男： 好啊，不過妳必須先自己寫。如果妳有任何問題不懂，
再來問我。

W : Thanks.

女： 謝謝。

Question : What will the man do?  這位男士將要做什麼？

(A) He'll do the homework for his daughter.

他將要爲他的女兒做作業。

(B) He'll ask her some questions.  他將要問她一些問題。

(C) He'll help her with the difficult parts.

他將要幫助她困難的部份。

15. ( **A** ) W : Bill, remember when I said I wanted to go back to
work?

女： 比爾，你記得我說過什麼時候要回去工作嗎？

M : Yes, but then we agreed to wait until Jimmie is at
　　least three years old, right?

男：記得啊，但那時我們說好，要等到吉米至少三歲，不是嗎？

W : That's what I wanted to talk to you about. I think
　　we should find him a good babysitter. I really want
　　to start contributing to our income again.

女：那就是我要和你討論的。我想我們應該替他找個保姆。
　　我真的想再次開始幫忙貢獻一點收入。

M : I appreciate that, but we both agreed when we got
　　married that a babysitter could never take a mother's
　　place.

男：我很感激，但是我們兩人結婚時就同意，保姆絕對無法
　　取代媽媽的。

Question : What does Bill imply his wife should do?
　　　　　比爾暗示他的太太應該做什麼？

(A) Stay home with their child. 待在家裡陪小孩。

(B) Find a babysitter. 找保姆。

(C) Increase her income. 增加她的收入。

* agree〔ə'gri〕v. 同意　　*at least* 至少
　babysitter〔'bebɪ,sɪtɚ〕n. 臨時保姆
　contribute〔kən'trɪbjut〕v. 貢獻　　income〔'ɪn,kʌm〕n. 收入
　appreciate〔ə'priʃɪ,et〕v. 感激　　*get married* 結婚
　*take sb.'s place* 取代某人　　imply〔ɪm'plaɪ〕v. 暗示
　wife〔waɪf〕n. 太太；妻子　　increase〔ɪn'kris〕v. 增加

16. ( **B** )　W : Alex, that woman is looking at you.

女：艾利克斯，那個女生在看你。

M : Which one?

男：哪一個？

W : The one in a pretty pink dress and standing next to
　　you. Besides, the cake in her hands looks yummy.

女：站在你旁邊，穿著很漂亮的粉紅色洋裝那個。此外，
她手裡拿著的蛋糕看起來也很好吃。

M : Oh, she's Irene, my cousin from the USA and the
cake was made by her.

男：噢，她是愛琳，我表妹，從美國來的，而蛋糕是她做的。

Question : Which of the statements is true?

哪一個敘述是正確的？

(A) The cake in Alex's hands looks yummy.

艾利克斯手裡拿著的蛋糕看起來很好吃。

(B) Alex's cousin comes from the USA.

<u>艾利克斯的表妹來自美國。</u>

(C) Irene is wearing a pink jacket and looking at Alex.

愛琳穿著一件粉紅色的夾克，正在看著艾利克斯。

* pretty〔'prɪtɪ〕*adj.* 漂亮的　　besides〔bɪ'saɪdz〕*adv.* 此外
yummy〔'jʌmɪ〕*adj.* 好吃的
cousin〔'kʌzn̩〕*n.* 堂（表）兄弟姊妹
statement〔'stetmənt〕*n.* 敘述　　jacket〔'dʒækɪt〕*n.* 夾克

17. ( **B** ) M : Hi, Colleen.

男：嗨，可琳。

W : Hi, Daren. You know, whenever I come to the gym
you seem to be here. How often do you work out?

女：嗨，達倫。你知道嗎，每次我來到健身房，你似乎都在
這裡。你多久來運動一次啊？

M : Every chance I get. It sure beats sitting in front of
the TV all the time.

男：只要有機會都來，這一定勝過一直坐在電視機前面。

W : No wonder you are in such good shape.

女：難怪你體格這麼好。

Question : What can be inferred about the man?

關於這位男士可以推論出什麼？

(A) He watches too much television. 他看太多電視了。

(B) He enjoys exercising. <u>他很喜歡運動。</u>

(C) He is overweight. 他體重過重。

\* whenever〔hwɛn'ɛvɚ〕conj. 每當（= every time）
　gym〔dʒɪm〕n. 健身房　　**work out** 運動；健身
　chance〔tʃæns〕n. 機會　　beat〔bit〕v. 勝過
　wonder〔'wʌndɚ〕n. 驚奇　　**no wonder** 難怪
　shape〔ʃep〕n. 形狀；外形　　**in good shape** 狀況/體格很好
　infer〔ɪn'fɝ〕v. 推論　　overweight〔'ovɚ,wet〕adj. 過重的

18. ( **C** ) M : Oh, no! I can't believe it. I forgot to bring my
　　　　　　　wallet!

　　男：噢，不。我簡直不敢相信，我忘了帶皮夾。

　　W : Are you sure? Did you look in your jacket pocket?

　　女：你確定嗎？你看過夾克口袋了嗎？

　　M : No, now I remember. I left it at home on the kitchen
　　　　table. There goes our special celebration.

　　男：不，現在我記得了。我把它留在家裡，在廚房桌上。
　　　　我們的特別慶祝泡湯了。

　　W : Not necessarily. We can go home and order pizza,
　　　　and there's probably a good movie on cable.

　　女：未必啊。我們可以回家叫披薩，第四台也許有好電影可看。

　　M : I was looking forward to an evening without the kids,
　　　　but I guess we can do that another time.

　　男：我原本很期待沒有小孩的夜晚了，但我想下次再說吧。

　　Question : What do these people plan to do now?

　　　　　　　這兩位現在計劃要做什麼？

　　(A) Look for the wallet. 尋找皮夾。

　　(B) Go to a movie. 去看電影。

　　(C) Return home. <u>回家。</u>

　　\* believe〔bə'liv〕v. 相信　　wallet〔'wɑlɪt〕n. 皮夾

***look in*** 看裡面　　jacket〔'dʒækɪt〕*n.* 夾克
pocket〔'pakɪt〕*n.* 口袋　　celebration〔,sɛlə'breʃən〕*n.* 慶祝
necessarily〔'nɛsə,sɛrəlɪ〕*adv.* 必定　　***not necessarily*** 未必
order〔'ɔrdə〕*v.* 點餐　　cable〔'kebḷ〕*n.* 電纜；有線電視
***look forward to + N/V-ing*** 期待

19. ( **B** ) Tom, Jane, Alan and Sue all went to the museum in
October. Tom went to the museum on Double Tenth Day.
Jane went there two days before Tom. Alan went there
three days after Jane. Sue went there two days before
Alan.

湯姆、珍、艾倫和蘇都在十月去了博物館。湯姆在雙十節當天去
了博物館。珍比湯姆早兩天去。艾倫比珍晚三天去。蘇比艾倫早
兩天去。

Question：When did Sue go to the museum?
　　　　　蘇何時去博物館？

(A) October 8th. 10 月 8 日。

(B) October 9th. 10 月 9 日。

(C) October 11th. 10 月 11 日。

* museum〔 mju'ziəm 〕*n.* 博物館
***Double Tenth Day*** 雙十節；國慶日

20. ( **A** ) Chinese speak Mandarin, Cantonese, Min Nan, and
Hakka. Americans, Canadians, Englishmen, Australians,
and New Zealanders speak English. Indians speak Hindi.
Korean is spoken in Korea.

中國人說國語、粵語、閩南語和客語。美國人、加拿大人、
澳洲人和紐西蘭人說英語。印度人說印地語，在韓國說韓語。

Question：What language is spoken in New Zealand?
　　　　　在紐西蘭說什麼語言？

(A) English. 英語。

(B) Mandarin. 國語。

(C) Korean. 韓語。

* Mandarin〔'mændərɪn〕n. 國語
  Cantonese〔͵kæntən'iz〕n. 廣東話；粵語
  Hakka〔'hɑkə〕n. 客家話；客語
  Canadian〔kə'nedɪən〕n. 加拿大人
  Australian〔ɔ'streljən〕n. 澳洲人
  New Zealander〔nu'ziləndɚ〕n. 紐西蘭人
  Hindi〔'hɪndi〕n. 印地語；北印度語
  Korean〔ko'riən〕n. 韓語

21. ( **A** ) M : I've been looking everywhere for my calculator, but I can't find it.

男：我到處一直找我的計算機，但就是找不到。

W : Oh.　Now that you mention it, Casey told me he was going to use it for a while.

女：哦，既然你提起了，凱西告訴我，他要用一下。

M : You mean I've just spent the last half hour turning my desk inside out for nothing?

男：你的意思是，我過去半小時來把書桌裡外翻遍是白找了。

W : Looks that way.

女：看來是那樣。

Question : What happened to the man's calculator?

這位男士的計算機發生了什麼事？

(A) Someone borrowed it. 有人借走了。

(B) He left it in his office. 他把它留在辦公室。

(C) It fell behind his desk. 掉在書桌後面。

* calculator〔'kælkjə͵letɚ〕n. 計算機　　***now that*** 既然
  mention〔'mɛnʃən〕v. 提及
  while〔hwaɪl〕n. 一會兒；一陣子
  ***turn ~ inside out*** 把~內外翻轉
  ***for nothing*** 白白地；徒勞地

## 閱讀測驗（第 1-41 題，共 41 題）

### 第一部分：單題（第 1-15 題，共 15 題）

1. ( **A** ) 請看這幅圖片。何者為真？
   - (A) 這個小女孩很開心。
   - (B) 這個男孩覺得很無聊。
   - (C) 這隻乳牛是白色的。
   - (D) 他們兩個人正在幫乳牛擠奶。

   \* bored〔bord〕*adj.* 無聊的　　cow〔kaʊ〕*n.* 乳牛
   milk〔mɪlk〕*v.* 擠奶

2. ( **C** ) 老師要她交考卷之前再看一看。
   - (A) hand around　依次傳遞；分配
   - (B) hand down　傳下；傳給（後代）
   - (C) ***hand in***　提交；遞交
   - (D) hand out　分配；分發

3. ( **A** ) 你在飯店裡必須先登記住宿，才能進入飯店房間。
   - (A) ***check in***　登記住宿　　(B) check out　結帳退房
   - (C) check off　下班　　(D) check up　檢查；核對

4. ( **D** ) 愛麗斯幾乎每天讀超過一小時的英文，那就是為什麼她說英文可以和美國人一樣的原因。

   依句意選 (D) ***why***。

5. ( **A** ) 這是晴朗無雲的夜晚。月亮在天空明亮閃耀。
   - (A) ***shine***〔ʃaɪn〕*v.* 照耀；閃耀
   - (B) shut〔ʃʌt〕*v.* 關閉
   - (C) shout〔ʃaʊt〕*v.* 喊叫
   - (D) save〔sev〕*v.* 解救；節省

6. ( **D** ) 當你到達高雄時，先打電話給你的祖父母。

表「時間」的副詞子句，不可用未來式，要用現在式代替
未來式，故選 (D) *arrive*。

7. ( **B** ) 我找不到我的橡皮擦。你可以借我你的嗎？

依句意，空格應是 your eraser，但 eraser 重複，故省略，
用所有代名詞，選 (B) *yours*。

\* eraser〔ɪˈresɚ〕*n.* 橡皮擦

8. ( **B** ) 警方解決了一件賄賂案。

現在完成式要用 have/has + p.p.，而主詞 The police
「警方」為複數，故應用 (B) *have solved*。

\* bribery〔ˈbraɪbərɪ〕*n.* 賄賂　　case〔kes〕*n.* 案子

9. ( **A** ) 請直接告訴我你是否愛我。

依句意選 (A) *whether*「是否」。

\* straight〔stret〕*adv.* 直接地

10. ( **D** ) 令我驚訝的是，約翰沒讀書就通過考試了。

(A) no matter how　無論多麼【後面要接形容詞或副詞】
(B) with a sigh　帶著嘆息
(C) up to now　直到現在
(D) *to my surprise*　令我驚訝的是

\* sigh〔saɪ〕*n.* 嘆息

11. ( **C** ) 彼得沿著鄉村道路騎著腳踏車。風吹拂著，讓他覺得很舒服。

(A) software〔ˈsɔft͵wɛr〕*n.* 軟體
(B) trash〔træʃ〕*n.* 垃圾　　(C) *wind*〔wɪnd〕*n.* 風
(D) closet〔ˈklɑzɪt〕*n.* 衣櫥

\* along〔əˈlɔŋ〕*prep.* 沿著　　blow〔blo〕*v.*（風）吹

12. ( **D** ) 娜　娜：你多久給小鳥吃一次包心菜葉子？

佛列德：一星期三次。

由答句可知本句問頻率「多久一次」，故選 (D) *How often*。

* cabbage〔ˋkæbɪdʒ〕*n.* 包心菜　　leaf〔lif〕*n.* 葉子

13. ( **C** ) 在餐桌用餐時，你不應該伸手去拿別人面前的食物。

(A) arrive at　到達　　　　　(B) get to　到達

(C) *reach for*　伸手去拿　　　(D) come to　來到

14. ( **C** ) 約翰和彼得整天閒混，所以我確定他們倆明天都無法通過考試。

依句意應是「兩人都無法通過考試」，表示「二者皆非」，

代名詞用 *neither*，選 (C)。

* *fool around*　遊手好閒；閒混

15. ( **C** ) 布萊恩：我們走了一整天了。我們休息一下吧。

安琪兒：好。

(A) 我們在院子玩吧。

(B) 我們去尋找彩蛋吧。

(C) 我們休息一下吧。

(D) 我們買點醋吧。

* *all day long*　一整天　　yard〔jɑrd〕*n.* 院子

hunting〔ˋhʌntɪŋ〕*n.* 狩獵；尋找

break〔brek〕*n.* 休息　*take a break*　休息

vinegar〔ˋvɪnɪgɚ〕*n.* 醋；精力

## 第二部分：題組 ( 第 16-41 題，共 26 題 )

( 16～19 )

有三封給史密斯先生的留言。

嗨:

　　三月 25 日眞不是我的幸運日！昨天下大雨，可是我沒帶傘。我回宿舍的途中淋濕，結果感冒了。吃藥之後，我覺得好多了。不用爲我擔心。週六見。

你的兒子
吉米

---

親愛的佛瑞德:

　　後天是你 50 歲生日。我在黎黎餐廳訂了位。我非常想念你。我的班機下午五點鐘抵達，我會直接到餐廳。請晚上七點鐘和我在那裡會合。

你的太太
蘇珊

---

親愛的史密斯先生:

　　我是彼得。我今天很難過，因爲我數學考試考得很糟，我怕爸媽會生氣。請告訴我我該怎麼做。

你的學生
彼得

【註釋】

message (ˈmɛsɪdʒ) *n.* 訊息　　heavily (ˈhɛvɪlɪ) *adv.* 猛烈地
wet (wɛt) *adj.* 濕的　　***on** one's **way to** ~* 去~的途中
dorm (dɔrm) *n.* 宿舍　　***the day after tomorrow*** 後天
reservation (ˌrɛzəˈveʃən) *n.* 預訂；訂位　　miss (mɪs) *v.* 想念
flight (flaɪt) *n.* 班機　　directly (dəˈrɛktlɪ) *adv.* 直接地

16. ( **C** )　彼得的老師是誰？

　　　　(A) 吉米。　　　　　　　　(B) 蘇珊。

　　　　(C) <u>佛瑞德。</u>　　　　　　(D) 我們不知道。

17. ( **D** )　史密斯先生的生日是幾月幾日？

　　　　(A) 三月 25 日。　　　　　(B) 三月 26 日。

　　　　(C) 三月 27 日。　　　　　(D) <u>三月 28 日。</u>

　　　　* date〔det〕*n.* 日期；年月日

18. ( **C** )　三月 25 日誰身體不舒服？

　　　　(A) 蘇珊。　　(B) 彼得。　　(C) <u>吉米。</u>　　(D) 佛瑞德。

19. ( **A** )　何者為真？

　　　　(A) <u>吉米沒有和父母住在一起。</u>

　　　　(B) 蘇珊三月 25 日要舉辦一場派對。

　　　　(C) 彼得數學考得很好。

　　　　(D) 蘇珊太忙了，無法慶祝她丈夫的生日。

　　　　* ***too ~ to V*** 太~而不… 　　celebrate〔'sɛlə,bret〕*v.* 慶祝

（20～21）

　　　　台灣每年都有數個颱風來襲，多半都在夏天和秋天。因此台灣人對颱風已經相當熟悉，且知道如何防備強風和豪雨。此外，颱風最初在太平洋形成，所以比較容易預測，因此讓人們有足夠的時間準備。

　　　　另一方面，龍捲風的情形就大不相同了。龍捲風通常發生在陸地上，沒有太多警告，大型龍捲風的風速，可以高達每小時 500 公里，把路徑上幾乎所有的一切都摧毀。美國是龍捲風最常發生的地方。三分之一的龍捲風都發生在堪薩斯州、奧克拉荷馬州和德州，但它們可能會侵襲任何一州，甚至是阿拉斯加。在過去，

一場嚴重的龍捲風可能會摧毀數百戶房屋，造成數十人死亡。它們常是無預警地來襲，人們只有幾秒鐘，離開房子躲到安全的地方去。而今日，幸虧有了新的預測裝置，奈克斯雷達，能夠在龍捲風侵襲前 40 分鐘先預測到，人們就有足夠的時間逃到安全的地方，因此能解救許多生命。龍捲風太強大、太具有毀滅性了，能夠提早被預測至關重要。

現在，你有沒有覺得在台灣比較幸運呢？總之，做好萬全準備是唯一也是最好的方法，才能大大地減少損害。

## 【註釋】

typhoon〔taɪˋfun〕*n.* 颱風　　quite〔kwaɪt〕*adv.* 相當地

familiar〔fəˋmɪljə〕*adj.* 熟悉的　　prepare〔prɪˋpɛr〕*v.* 準備

besides〔bɪˋsaɪdz〕*adv.* 此外　　form〔fɔrm〕*v.* 形成

ocean〔ˋoʃən〕*n.* 海洋　　***the Pacific Ocean*** 太平洋

predict〔prɪˋdɪkt〕*v.* 預測　　allow〔əˋlaʊ〕*v.* 允許

***on the other hand*** 另一方面　　tornado〔tɔrˋnedo〕*n.* 龍捲風

case〔kes〕*n.* 情形　　usually〔ˋjuʒʊəlɪ〕*adv.* 通常

occur〔əˋkɝ〕*v.* 發生　　warning〔ˋwɔrnɪŋ〕*n.* 警告

speed〔spid〕*n.* 速度　　reach〔ritʃ〕*v.* 到達

***up to*** 高達；多達　　kilometer〔kəˋlɑmətə〕*n.* 公里

per〔pɚ〕*prep.* 每一　　destroy〔dɪˋstrɔɪ〕*v.* 破壞

path〔pæθ〕*n.* 路徑　　***one third of*** 三分之一的

hit〔hɪt〕*v.* 侵襲　　state〔stet〕*n.* 州　　strike〔straɪk〕*v.* 侵襲

severe〔səˋvɪr〕*adj.* 嚴重的　　dozen〔ˋdʌzn̩〕*n.* 一打

***dozens of*** 數十個　　***thanks to*** 因為　　device〔dɪˋvaɪs〕*n.* 裝置

***be capable of*** 能夠　　***as a result*** 因此；所以

powerful〔ˋpaʊəfəl〕*adj.* 強有力的；強烈的

destructive〔dɪˋstrʌktɪv〕*adj.* 有破壞力的；毀滅的

***ahead of*** 在～之前　　***ahead of time*** 提早

***all in all*** 總之；大體而言

reduce〔rɪˋdjus〕*v.* 減少　　damage〔ˋdæmɪdʒ〕*n.* 損害；損失

20. ( **A** ) 下面哪一個字在文章裡最接近 "warning" 的意思？

　　(A) 謹慎；警告。　　　　　(B) 準備。

　　(C) 熟悉的。　　　　　　(D) 破壞；摧毀。

　　* caution〔ˈkɔʃən〕*n.* 謹慎；警告

21. ( **B** ) 根據本文，何者為非？

　　(A) 美國是龍捲風發生最多的國家。

　　(B) 阿拉斯加是美國唯一沒有龍捲風的州。

　　(C) 在過去，每年有很多美國人因龍捲風喪生。

　　(D) 颶風可以在真正發生前被預測到。

　　* occurrence〔əˈkɝəns〕*n.* 發生
　　　actually〔ˈæktʃuəlɪ〕*adv.* 真正地

( 22～23 )

　　　西裝褲是正式場合穿的，牛仔褲和卡其褲是非正式的時候穿的，還有短褲是天氣熱時穿的。所有這些類型的褲子有各種外形和款式。但有這麼多種選擇，我們怎麼知道要穿哪一種？

　　　腿長又細的人偏愛穿什麼都可以。但對其餘的人而言，有一些常見的指導方針可遵循。

　　　腿短的人應該選擇瘦削窄管的剪裁，讓他們的腿看起來長一點、細一點。上半身較長的人應該選擇高腰的褲子。相反的選擇則適用於上半身較短的人；他們應該避免褲腳反摺和寬鬆的褲子。

　　　所以如果你沒有長腿，應該選什麼呢？一般腿形的人可以穿窄管剪裁的褲子，會產生細腿的線條。但如果你的腿比一般人粗，你應該避免多色、有圖案的褲子，因為你的腿看起來會更粗。只要你遵循這些原則，應該就能夠改善自己的風格了。

## 【註釋】

dress〔drɛs〕n. 正式服裝；禮服　　pants〔pænts〕n. pl. 褲子

**dress pants** 禮服褲；西裝褲　　formal〔ˋfɔrml̩〕adj. 正式的

occasion〔əˋkeʒən〕n. 場合　　jeans〔dʒinz〕n. pl. 牛仔褲

khakis〔ˋkɑkız〕n. pl. 卡其褲　　casual〔ˋkæʒʊəl〕adj. 非正式的

affair〔əˋfɛr〕n. 事務；情況　　shorts〔ʃɔrts〕n. pl. 短褲

type〔taıp〕n. 種類　　**come in** 有（尺寸、顏色等）

variety〔vəˋraıətı〕n. 多樣　　**a variety of** 各式各樣的

shape〔ʃep〕n. 外形　　style〔staıl〕n. 款式；風格

**slip into** 穿上　　whatever〔hwatˋɛvɚ〕pron. 無論任何東西

prefer〔prıˋfɝ〕v. 比較喜歡；偏愛　　**the rest** 其餘的

common〔ˋkɑmən〕adj. 常見的；一般的

guideline〔ˋgaıd‚laın〕n. 指導方針　　follow〔ˋfɑlo〕v. 遵循

skinny〔ˋskını〕adj. 很瘦的　　narrow〔ˋnæro〕adj. 窄的

cut〔kʌt〕n. 剪裁　　torso〔ˋtɔrso〕n. 軀幹；上半身

select〔səˋlɛkt〕v. 選擇　　waist〔west〕n. 腰部

opposite〔ˋɑpəzıt〕n. 相反　　avoid〔əˋvɔıd〕v. 避免

cuff〔kʌf〕n. 褲腳反摺　　baggy〔ˋbægı〕adj. 袋狀的；寬鬆的

average〔ˋævərıdʒ〕adj. 一般的　　n. 平均　　create〔krıˋet〕v. 創造

line〔laın〕n. 線條　　colorful〔ˋkʌləfəl〕adj. 多彩色的

patterned〔ˋpætənd〕adj. 有圖案的　　clothing〔ˋkloðıŋ〕n. 衣物

**as long as** 只要　　improve〔ımˋpruv〕v. 改善

22. (**B**) 褲腳反摺和寬鬆的褲子會產生什麼效果？

　　(A) 使上半身較長的人看起來比較瘦。

　　(B) 使上半身較短的人看起來比較矮。

　　(C) 使細腿看起來更長。　　(D) 使短腿的人看起來更瘦。

　　* effect〔ıˋfɛkt〕n. 效果

23. (**A**) 下列敘述何者不正確？

　　(A) 西裝褲是非正式場合穿的，而天氣熱的時候穿短褲。

　　(B) 人們在正式的場合通常不會穿牛仔褲和卡其褲。

　　(C) 如果你遵循文章裡的建議，你會看起來更有型。

(D) 腿長又細的人無論穿什麼款式的褲子，看起來就是完美。

* suggestion〔səɡ'dʒɛstʃən〕*n.* 建議
  stylish〔'staɪlɪʃ〕*adj.* 有型的；時髦的
  ***no matter what*** 無論什麼　　perfect〔'pɝfɪkt〕*adj.* 完美的

（24～26）

---

柔伊：那是什麼？看起來很有趣。

保羅：那是台灣的布袋戲。你看所有的戲偶，很厲害，不是嗎？

柔伊：是啊！台灣人什麼時候開始製作布袋戲偶的？

保羅：超過一百年前。

柔伊：那很久了耶！對了，人們為什麼在寺廟前面演出布袋戲呢？

保羅：他們要感謝神明在過去的一年裡保佑他們。

柔伊：噢，我懂了。

---

【註釋】

puppet〔'pʌpɪt〕*n.* 木偶；布袋戲偶
amazing〔ə'mezɪŋ〕*adj.* 令人驚訝的；很棒的
***by the way*** 順便一提；對了　　temple〔'tɛmpḷ〕*n.* 寺廟
god〔ɡɑd〕*n.* 神　　protect〔prə'tɛkt〕*v.* 保護
past〔pæst〕*adj.* 過去的　　***I see.*** 我懂了。

24. (**C**) 對柔伊和保羅而言，什麼很厲害？

　　(A) 寺廟。　　　　　　　　　　(B) 布袋戲偶的歷史。

　　(C) 布袋戲偶本身。　　　　　　(D) 寺廟裡的神。

25. (**B**) 有關布袋戲偶何者正確？

　　(A) 他們的歷史不超過一百年。

　　(B) 你可以在台灣的寺廟看到。

　　(C) 台灣人把它們獻給神明。　　(D) 他們會在來年保護人們。

26.( **D** ) 台灣人如何感謝神明？

      (A) 他們製作各種布袋戲偶。　　(B) 他們在寺廟前面跳舞。

      (C) 他們向寺廟購買布袋戲偶。

      (D) <u>他們在寺廟前面演出布袋戲。</u>

      * *give thanks to sb*. 感謝某人

（27～29）

> 在 1666 年一個夏季的午後，一個年輕人，手臂下夾著一本書，走進了他的花園，坐在一棵樹下。當他在看書的時候，一顆蘋果掉下來，打在他的頭上。頭被打到很痛，但是這個疼痛並沒有困擾他，反而讓他開始思考。他很好奇，想知道爲什麼蘋果會直直地掉下來。
>
> 這個年輕人就是 23 歲的牛頓。他一直不斷地尋找他這些問題的答案。蘋果掉下來，是因爲莖再也不能把它固定在樹枝上嗎？是因爲蘋果很重嗎？重物爲什麼會掉下來？一個物體爲什麼會比另一個重？牛頓思考了這些問題，最後發展出地心引力的理論，這是科學史上最重要的發展之一。

【註釋】

fall〔fɔl〕*v.* 掉落【三態變化：fall-fell-fallen】

hurt〔hɜt〕*v.* 疼痛；使受傷　　badly〔'bædlɪ〕*adv.* 劇烈地

pain〔pen〕*n.* 疼痛　　bother〔'bɑðɚ〕*v.* 困擾

instead〔ɪn'stɛd〕*adv.* 反之　　curious〔'kjʊrɪəs〕*adj.* 好奇的

straight〔stret〕*adv.* 直直地　　***look for*** 尋找　　stem〔stɛm〕*n.* 莖

***no longer*** 不再　　hold〔hold〕*v.* 抓住；固定

branch〔bræntʃ〕*n.* 樹枝　　heavy〔'hɛvɪ〕*adj.* 重的

develop〔dɪ'vɛləp〕*v.* 發展　　theory〔'θɪrɪ〕*n.* 理論

gravity〔'grævətɪ〕*n.* 重力；地心引力

development〔dɪ'vɛləpmənt〕*n.* 發展

27. ( **B** ) 本文的主旨為何？

    (A) 有關蘋果為什麼會直直地掉下來。
    (B) 牛頓發展出地心引力的理論。
    (C) 科學的歷史非常重要。
    (D) 我們必須找出問題的答案。

28. ( **A** ) 文中的 "it" 指的是什麼？

    (A) 疼痛。　　　　　(B) 手臂下的書。
    (C) 他的花園。　　　(D) 他的問題。

29. ( **D** ) 下列何者為真？

    (A) 牛頓出生於 1942 年。　(B) 牛頓沒有好奇心。
    (C) 當蘋果打在牛頓的頭上，他嚴重受傷，無法思考。
    (D) 牛頓努力想找出蘋果為什麼會直直地掉下來的原因。

( 30～32 )

| 成　語 | 意　義 |
|---|---|
| ask for the moon<br>異想天開 | 意思是要求我們不可能得到或做到的。 |
| once in a blue moon<br>很少；很罕見 | 意思是某事很少發生。 |
| a bolt from the blue<br>晴天霹靂 | 意思是某事毫無預料突然發生。<br>"the blue" 在此指的是晴朗的藍天。 |
| Money talks.<br>金錢萬能。 | 意思是有了錢一切都有可能，錢對人有很大的影響。<br>例如：湯姆起初不願意幫我，後來我答應，如果他幫我，我就給他一大筆錢，他就幫忙了。看吧？金錢萬能。 |

【註釋】

idiom (ˈɪdɪəm ) *n.* 成語　　bolt ( bolt ) *n.* 閃電
suddenly (ˈsʌdn̩lɪ ) *adv.* 突然地　　expect ( ɪkˈspɛkt ) *v.* 預期
***at first*** 起初　　promise (ˈprɑmɪs ) *v.* 答應；承諾

30. ( **C** ) 阿美是一位有錢、胖胖的商店老闆。下列何者對她可能是
「晴天霹靂」？

(A) 她在愛情長跑之後，嫁給一位年輕的帥哥。
(B) 她減肥成功變瘦了。
(C) 她的店失火，店裡所有的東西付之一炬。
(D) 她去看電影，但不喜歡那部電影。

\* shopkeeper (ˈʃɑpˌkipə ) *n.* 商店老闆
marry (ˈmærɪ ) *v.* 娶；嫁；結婚
courtship (ˈkortˌʃɪp ) *n.* 求愛；追求
***lose weight*** 減肥　　***catch fire*** 著火

31. ( **D** ) 珍總是夢想著擁有一個機器人，可以為她寫所有的回家功課，她
不必讀書考試都可以考 100 分。哪一個成語可以用在她身上？

(A) 這種情形很少發生。　　(B) 金錢萬能。
(C) 這真是晴天霹靂。　　(D) 她真是異想天開。

\* robot (ˈrobət ) *n.* 機器人

32. ( **B** ) 下列何者我們可以用 "once in a blue moon" 來形容？

(A) 傑每年在她女朋友生日時，都會送她鑽石。
(B) 這裡十年前下過雪，但從此沒有再下過。
(C) 凱特喜歡和她的朋友一起喝咖啡，一週三次。
(D) 莉莉自從到美國唸書就沒有見過她的父母親。她下週要
和他們聚會。

\* describe ( dɪˈskraɪb ) *v.* 描述；形容
diamond (ˈdaɪmənd ) *n.* 鑽石　　***get together*** 相聚

**( 33～36 )**

我們家通常假日都會去野餐。上個週末我們到公園野餐。我們早上<u>非常興奮所以很早就醒過來</u>。把所有野餐的用品準備好後，
33

<u>我們騎腳踏車去公園</u>。當我們到達公園時，我們把所有的東西<u>鋪</u>在
34 35

草地上。我們去放風箏、玩飛盤，一起吃了三明治和一些點心，我們彼此聊天聊得很開心。到了下午，<u>我們撿起垃圾丟到垃圾桶裡</u>。
36

然後我們再騎腳踏車回家。我們玩得非常愉快。

## 【註釋】

***go on a picnic*** 去野餐　　grass〔græs〕*n.* 草地
kite〔kaɪt〕*n.* 風箏　　***fly a kite*** 放風箏【fly 過去式為 flew】
Frisbee〔ˈfrɪsbi〕*n.* 飛盤　　sandwich〔ˈsændwɪtʃ〕*n.* 三明治
snack〔snæk〕*n.* 點心　　garbage〔ˈgɑrbɪdʒ〕*n.* 垃圾
***garbage can*** 垃圾桶　　***have a wonderful time*** 玩得非常愉快

33. ( **C** ) (A) 太疲倦了，哪裡也沒去

　　　　(B) 太興奮了，沒辦法早起

　　　　(C) <u>非常興奮，所以很早就醒過來</u>

　　　　(D) 非常高興，所以沒辦法早起

　　　　* ***wake up*** 醒來

34. ( **A** ) (A) <u>我們騎腳踏車去公園</u>　　(B) 我們搭公車去公園

　　　　(C) 我們喜歡走路去公園　　(D) 我們坐爸爸的車去公園

35. ( **B** ) 由空格前後動詞均為過去簡單式可知，空格也是過去簡單式，
　　　　故選 (B) *spread*「鋪開；展開」，spread 的三態變化為：
　　　　spread-spread-spread。

36. ( **A** )　(A) 我們撿起垃圾　　　　　(B) 天開始下雨
　　　　　　(C) 我們吃了水果　　　　　(D) 天氣開始變冷

**( 37～41 )**

你想要挑戰嗎？試試看解魔術方塊。
　　　　　　　　　 37

魔術方塊是全世界最困難、最有名的益智遊戲。一個方塊
　　　　　　　　　　 38　　　　 39
有六面，每一面有九個方格，每一格是不同的顏色。要解魔術
方塊，你必須使每一面都只有一個顏色。例如，一面必須完全
　　　　　　　　 40　　　　　　　　　　 41
是白色。另一面必須完全是紅色等等。

　　魔術方塊非常困難，但是有些人可以非常快速地解出來。
你猜得到解魔術方塊最快的時間嗎？5.55 秒！

**【註釋】**

challenge〔ˋtʃælɪndʒ〕 *n.* 挑戰　　cube〔kjub〕 *n.* 立方體
***Rubik's Cube*** 魔術方塊　　puzzle〔ˋpʌzl̩〕 *n.* 困惑；益智遊戲
square〔skwɛr〕 *n.* 正方形　　solve〔sɑlv〕 *v.* 解決
completely〔kəmˋplitlɪ〕 *adv.* 完全地；全部地　　***and so on*** 等等
guess〔gɛs〕 *v.* 猜測　　second〔ˋsɛkənd〕 *n.* 秒

37. ( **B** )　try 後接不定詞，為「試圖做某事」之意，選 (B) ***to solve***。

38. ( **C** )　hard「困難的」，最高級為 the ***hardest***，選 (C)。

39. ( **D** )　famous「有名的」，最高級為 the ***most famous***，選 (D)。

40. ( **A** )　依句意，選 (A) ***each***「每一」。

41. ( **C** )　(A) in fact　事實上　　　　(B) from now on　從現在起
　　　　　　(C) ***for example***　例如　(D) over and over　一再地

# 劉毅英文國中教育會考高額獎學金

## 成績保證，家長信任，考上建中，照樣退費！

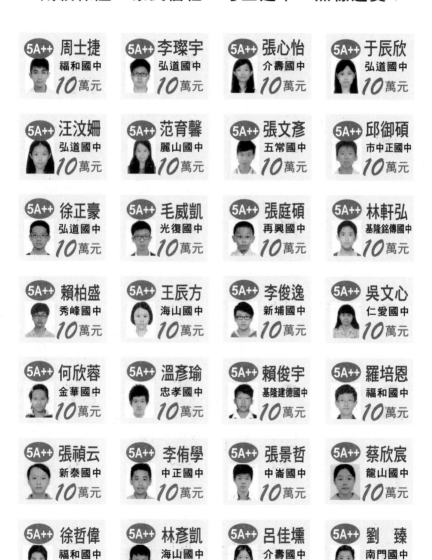

| 5A++ 周士捷 | 5A++ 李璨宇 | 5A++ 張心怡 | 5A++ 于辰欣 |
| --- | --- | --- | --- |
| 福和國中 10萬元 | 弘道國中 10萬元 | 介壽國中 10萬元 | 弘道國中 10萬元 |
| 5A++ 汪汶姍 | 5A++ 范育馨 | 5A++ 張文彥 | 5A++ 邱御碩 |
| 弘道國中 10萬元 | 麗山國中 10萬元 | 五常國中 10萬元 | 市中正國中 10萬元 |
| 5A++ 徐正豪 | 5A++ 毛威凱 | 5A++ 張庭碩 | 5A++ 林軒弘 |
| 弘道國中 10萬元 | 光復國中 10萬元 | 再興國中 10萬元 | 基隆銘傳國中 10萬元 |
| 5A++ 賴柏盛 | 5A++ 王辰方 | 5A++ 李俊逸 | 5A++ 吳文心 |
| 秀峰國中 10萬元 | 海山國中 10萬元 | 新埔國中 10萬元 | 仁愛國中 10萬元 |
| 5A++ 何欣蓉 | 5A++ 溫彥瑜 | 5A++ 賴俊宇 | 5A++ 羅培恩 |
| 金華國中 10萬元 | 忠孝國中 10萬元 | 基隆建德國中 10萬元 | 福和國中 10萬元 |
| 5A++ 張禎云 | 5A++ 李侑學 | 5A++ 張景哲 | 5A++ 蔡欣宸 |
| 新泰國中 10萬元 | 中正國中 10萬元 | 中崙國中 10萬元 | 龍山國中 10萬元 |
| 5A++ 徐哲偉 | 5A++ 林彥凱 | 5A++ 呂佳壎 | 5A++ 劉 臻 |
| 福和國中 10萬元 | 海山國中 10萬元 | 介壽國中 10萬元 | 南門國中 10萬元 |

# 劉毅國中會考5A++超級保證班
## 我們迷人的榜單，是你5A的開端，家長首選！

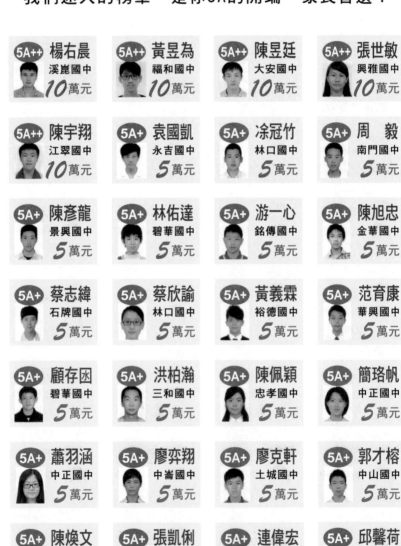

| | | | |
|---|---|---|---|
| 5A++ 楊右晨 溪崑國中 10萬元 | 5A++ 黃昱為 福和國中 10萬元 | 5A++ 陳昱廷 大安國中 10萬元 | 5A++ 張世敏 興雅國中 10萬元 |
| 5A++ 陳宇翔 江翠國中 10萬元 | 5A+ 袁國凱 永吉國中 5萬元 | 5A+ 涂冠竹 林口國中 5萬元 | 5A+ 周毅 南門國中 5萬元 |
| 5A+ 陳彥龍 景興國中 5萬元 | 5A+ 林佑達 碧華國中 5萬元 | 5A+ 游一心 銘傳國中 5萬元 | 5A+ 陳旭忠 金華國中 5萬元 |
| 5A+ 蔡志緯 石牌國中 5萬元 | 5A+ 蔡欣諭 林口國中 5萬元 | 5A+ 黃義霖 裕德國中 5萬元 | 5A+ 范育康 華興國中 5萬元 |
| 5A+ 顧存囷 碧華國中 5萬元 | 5A+ 洪柏瀚 三和國中 5萬元 | 5A+ 陳佩穎 忠孝國中 5萬元 | 5A+ 簡珞帆 中正國中 5萬元 |
| 5A+ 蕭羽涵 中正國中 5萬元 | 5A+ 廖弈翔 中崙國中 5萬元 | 5A+ 廖克軒 土城國中 5萬元 | 5A+ 郭才榕 中山國中 5萬元 |
| 5A+ 陳煥文 竹林國中 5萬元 | 5A+ 張凱俐 成淵國中 5萬元 | 5A+ 連偉宏 介壽國中 5萬元 | 5A+ 邱馨荷 中山國中 5萬元 |

# 劉毅國中會考5A++超級保證班

## 保證營，步步贏，不只拿高分，更要拿獎金！

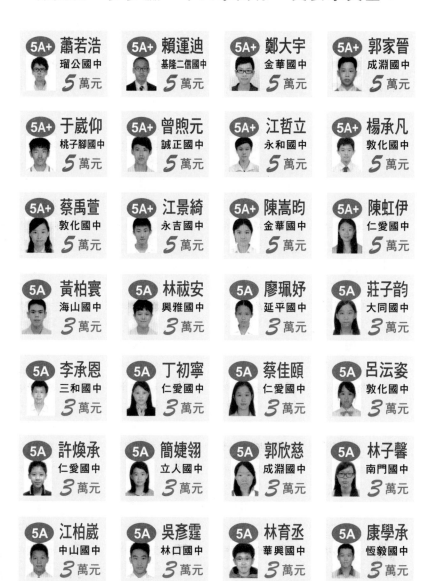

| 5A+ | 蕭若浩 瑠公國中 **5**萬元 | 5A+ | 賴運迪 基隆二信國中 **5**萬元 | 5A+ | 鄭大宇 金華國中 **5**萬元 | 5A+ | 郭家晉 成淵國中 **5**萬元 |

5A+ 于崴仰 桃子腳國中 5萬元
5A+ 曾煦元 誠正國中 5萬元
5A+ 江哲立 永和國中 5萬元
5A+ 楊承凡 敦化國中 5萬元

5A+ 蔡禹萱 敦化國中 5萬元
5A+ 江景綺 永吉國中 5萬元
5A+ 陳嵩昀 金華國中 5萬元
5A+ 陳虹伊 仁愛國中 5萬元

5A 黃柏寰 海山國中 3萬元
5A 林祕安 興雅國中 3萬元
5A 廖珮妤 延平國中 3萬元
5A 莊子韵 大同國中 3萬元

5A 李承恩 三和國中 3萬元
5A 丁初寧 仁愛國中 3萬元
5A 蔡佳頤 仁愛國中 3萬元
5A 呂沄姿 敦化國中 3萬元

5A 許煥承 仁愛國中 3萬元
5A 簡婕翎 立人國中 3萬元
5A 郭欣慈 成淵國中 3萬元
5A 林子馨 南門國中 3萬元

5A 江柏崴 中山國中 3萬元
5A 吳彥霆 林口國中 3萬元
5A 林育丞 華興國中 3萬元
5A 康學承 恆毅國中 3萬元

# 劉毅國中會考5A++超級保證班
## 劉毅助你一臂之力，克服困難，啟動逆轉人生！

| 5A 劉冠伶 弘道國中 3萬元 | 5A 田國侸 大直國中 3萬元 | 5A 許元愷 福和國中 3萬元 | 5A 林沛翰 金華國中 3萬元 |
| --- | --- | --- | --- |
| 5A 陳璽任 天母國中 3萬元 | 5A 劉奕均 培英國中 3萬元 | 5A 陳姿妤 明志國中 3萬元 | 5A 袁輔瑩 中正國中 3萬元 |
| 5A 胡鈞涵 南門國中 3萬元 | 5A 陳佩祺 積德國中 3萬元 | 5A 廖哲煦 蘭雅國中 3萬元 | 5A 劉映彤 南門國中 3萬元 |
| 5A 李昀皓 延平國中 3萬元 | 5A 陳宥沅 萬華國中 3萬元 | 5A 陳宥霖 萬華國中 3萬元 | 5A 楊謝村 三和國中 3萬元 |
| 5A 陳筱翎 積穗國中 3萬元 | 5A 何盈熹 金華國中 3萬元 | 5A 陳鄲郫 大安國中 3萬元 | 5A 蔡廷庠 清水國中 3萬元 |
| 5A 張晨 麗山國中 3萬元 | 5A 劉韋駿 海山國中 3萬元 | 5A 李士維 永和國中 3萬元 | 5A 王彥陵 江翠國中 3萬元 |
| 5A 林佳葦 中正國中 3萬元 | 5A 陳禮源 介壽國中 3萬元 | 5A 黃柏誠 北安國中 3萬元 | 5A 王昱翔 延平國中 3萬元 |